# 환경과 과학 활동으로 만나는 세계시민 이야기

환경과 과학 활동으로 만나는 세계시민 이야기

**지은이**  이종명(합천가야초등학교 교사), 곽종훈(통영 벽방초등학교 교사),
　　　　김새봄(통영 용남초등학교 교사)

**발　행**  2023년 10월 26일
**펴낸이**  한건희
**펴낸곳**  주식회사 부크크
**출판사등록**  2014.07.15.(제2014-16호)
**주　소**  서울특별시 금천구 가산디지털1로 119 SK트윈타워 A동 305호
**전　화**  1670-8316
**이메일**  info@bookk.co.kr

ISBN  979-11-410-4871-6

www.bookk.co.kr
이 도서는 유네스코 아시아태평양 국제이해교육원(APCEIU) 세계시민교육 중앙연구회 지원금
으로 제작되었습니다.

# 환경과 과학 활동으로 만나는
# 세계시민 이야기

이종명, 곽종훈, 김새봄 지음

BOOKK

# 차례

우리의 작은 세계시민들에게

같은 관심사를 가진 동료교사들이 있다는 것은 참 든든한 일입니다. 이 책에 집필자로 참여한 세 명의 교사는 환경부 환경동아리, 환경부 환경교육콘텐츠 제작 전문적학습공동체, 한국과학창의재단 지속가능 발전(ESD) 실천교사 연구회 등 다양한 분야에서 공동 연구를 3년째 실천해오고 있습니다.

각자가 근무하고 있는 학교의 규모와 학생들의 구성 현황에 따라 환경생태교육을 중심으로 한 특색있는 과학 교육 활동을 실천해오고 있으며 공동 연구를 통해 수업 활동과 관련된 다양한 콘텐츠들을 제작하여 적용하고 있다.

지구적으로 생각하고(Think globally), 학교과 지역을 중심으로 실천 하며(Act locally), 가정-학교-국제교류를 통해 공유하고 확산하는 (Spread & Share) 과정을 통해 우리 교실에서, 학교에서 세계시민 들과 함께 성장하고 있습니다.

한 사람의 열 걸음 대신 열 사람의 한 걸음의 가치를 더 소중히 생각하며 학교 현장에서 고군분투하는 저자들의 이야기들을 소소 하게 엮어 보았습니다.

저자 일동

첫 번째 이야기.

작은 학교에서 키우는 큰 꿈

합천가야초등학교의 이야기

## 1. 환경과학동아리로 세계시민으로 성장하기

<단국대학교 생태공간연구소와 함께 한 인공새집 모니터링 활동>

합천가야초 환경과학동아리인 가야별솔은 2020년 처음으로 만들어졌다. 2020년부터 담임을 맡았던 5학년 학급동아리 겸 환경동아리 형태로 운영되었고 올해로 4년의 활동을 하였다. 지금은 3학년 환경동아리 이름과 6학년 과학동아리 이름으로 병행하여 사용하고 있다. 별솔은 '별처럼 빛나고 소나무처럼 푸르게'라는 순우리말로 자연과 함께 어울려 살아가기 위한 동아리 활동의 목적을 내포하고 있다.

지난 2022년 별솔동아리는 생물다양성 위협의 문제와 심각성을 이해하고 우리의 삶과 긴밀하게 연결되어 있는 생물다양성 보존의 필요성을 과학적으로 탐색하고 실천 중심의 프로젝트형 활동을 중심으로 운영하였다. 지구공동체 곳곳의 생물다양성 위협에 대한 이슈를 탐색하고, 학교와 가정, 지역사회 뿐만 아니라 말레이시아, 싱가포르 국제교류 연계 활동을 실시하였다. 이를 통해 우리 주변의 생물다양성과 연계한 실천방안을 강구함으로써 지구적으로 생각하고 (Think globally), 지역적으로 실천하는(Act locally) 생태시민성을 기르기 위한 활동에 중점을 두었다. 또한 동아리의 활동이 동아리 내에서 끝나는 것이 아니라 학교내외에 공유하고 확산할 수 있도록 하여 활동의 외연이 확장될 수 있도록 하였다.

<인공새집에서 수집한 박새의 둥지를 관찰하고 있는 모습>

　특히 4월부터 8월까지 장기간동안 이루어진 인공새집 모니터링 프로젝트는 학교 내에 10개소의 새집을 설치하고 우리 주변에서

같이 살아가는 작은 새들의 생태를 관찰하는 활동이었다. 새들이 둥지를 고르고 알을 낳고 포란, 부화하는 것부터 아기새들이 이소하는 전 과정을 관찰함으로써 생물다양성의 신비와 중요성을 몸소 체험할 수 있었다.

우리 학교에 설치한 10개의 새집 중에 2개에 둥지를 만들었고 그 중 단 1개의 둥지에서만 알이 부화하고 아기새가 자라 이소하였다. 곤줄박이가 둥지를 튼 새집은 동아리 아이들 뿐만 아니라 유치원을 비롯한 전교생, 전 교직원들의 관심과 보호 아래 8마리 아기새 중 7마리가 무사히 이소하여 또 다른 생물다양성의 구성원이 되었다. 또한 아기새들이 이소한 둥지를 수거하여 세부적으로 관찰하는 활동을 통해 둥지의 구조와 재료, 둥지를 만드는 방법 등을 자세히 알 수 있었다. 학생들은 그 작은 새가 만든 예술적이면서도 과학적인 둥지를 관찰하면서 자연과 생태의 신비감을 다시 한번 느낄 수 있었다.

단국대학교 생태공간연구소와의 협력 활동을 통해 여러 지역의 박새, 곤줄박이 둥지들과 비교하여 관찰할 수 있는 기회도 얻게 되었다. 그 결과 둥지를 만든 재료들이 지역의 특성에 따라 다양하게 관찰되며 새집의 형태에 따라 그 모양과 크기도 제각각이라는 것을 알게 되었다. 하지만 거기에는 플라스틱 끈이나 비닐 등 쓰레기들도 제법 많이 섞여 있다는 안타까운 현실도 마주하게 되었다. 관찰을 위해 수거한 둥지 구석에서 발견된 미처 부화하지 못한 알들과 몸집이 작아 어미나 다른 아기새들을 따라 이소하지 못하고 죽은 아기새를 보면서 학생들은 안타까운 마음에 인근 화단에 묻어주기도 하였다. 새들의 번식에 방해를 주지 않으면서 함께 살아가는 방법을 배우고 우리 주변에 다양한 새들이 나름의 방식으로 살아가고 있음을 알게 된 생생한 체험의 과학 프로젝트 활동이었다.

2년 연속으로 이어진 올해의 인공새집 모니터링 활동은 작년에 비하여 좀 더 넓은 지역에 더 많은 수의 새집을 설치하려고 최초에 15개를 설치하였으나 관리 범위와 수가 너무 넓어지니 오히려 학생들이 관찰하고 관리하는데 더 어려움이 있었다. 올해도 1개의 둥지에서 아기새들이 태어나 8마리 모두가 무사히 이소하는데 성공하였지만 둥지의 주인인 박새의 삼엄한 경계 아래 2022년도에 비해서는 세밀한 모니터링을 실시하지는 못하였다. 기본적으로 모니터링은 부화하기 전까지는 1주일 1회 정도, 부화하고 나서는 1주일에 2회 정도를 권장하고 있다. 알을 낳고 포란, 부화, 이소까지 한달 남짓이라 아기새들의 성장 정도를 지속적으로 관찰하고 기록하기 위해서이다.

학교를 벗어나 인근 지역과 연계한 활동을 통해 생물다양성을 직접 체험해보기도 하였다. 논에 물을 대기 위해 지하수나 빗물을 가두어 둔 인공연못이나 습지를 '둠벙'이라고 하는데 이곳이 바로 생물다양성의 보고이다. 작은 수서곤충에서부터 붕어, 미꾸리 등 다양한 물고기들이 서식하며 이를 먹이로 하는 새 등 동물들의 흔적도 발견되는 곳이다. 주말을 이용하여 학생들과 함께 인근 지역의 생태농장을 찾았다. 농장을 운영하시면서 강의도 하시는 주인분은 학교로 찾아오는 생태환경교육 프로그램인 초록학교를 통해 인연을 맺었고 매년 새로운 교육프로그램으로 학생들에게 다양한 경험과 체험 기회를 제공하고 있다. 학생들은 둠벙 주변을 둘러보면서 징거미새우, 물방개 등을 직접 손에 올려보고 관찰하는 활동을 하였다. 특히 몸집에 비하여 상당히 긴 집게발을 가지고 있는 징거미새우는 학생들이 흥미를 가지기에 충분하였다. 서식지 파괴로 인해 개체수가 많이 줄어든 물방개나 게아재비, 물장군 등을 이곳 둠벙에서 제법 관찰할 수 있었다. 특히 환경부 멸종위기 야생생물 Ⅱ급인 물장군은 등에 알을 지고 부화할 때까지 돌보는 습성을 가진 곤충인데 채집 활동에서 이런 개체들을 발견할 수 있어서 학생들에게는 더욱더 특별한 체험활동이 되었다.

이 외에도 대형 펭귄 블록, 종이로 만든 모듈시스템형 블록 교구를 활용한 게임활용 프로젝트 수업을 통해 멸종위기에 처해있는 동물들에 대하여 알아보고 교내외에 홍보, 확산하는 활동을 함으로써 생물다양성에 대한 경각심을 갖도록 하였다. 폐플라스틱 17g으로 만든 업사이클링 DIY 멸종위기동물 키링 만들기를 통해 플라스틱 재활용에 대한 올바른 인식을 함양하고 자원재순환이 생물다양성에 미치는 영향에 대하여 알아보는 활동도 실시하였다.

이제 생물다양성을 비롯한 생태환경교육은 미래세대를 살아갈 우리 학생들에게는 매우 중요한 부분이 되었다. 이에 우리 환경과학 동아리의 활동을 함께 공유하고 확산하는 것이 더욱 의미있는 활동이 될 것이라고 생각하였다. 우리 학교는 2021년부터 말레이시아에 있는 초등학교와 생태환경을 주제로 한 다양한 교류활동을 실시하고 있다. 2022년부터는 거기에 싱가포르에 있는 학교가 추가되어 3개 학교가 공동으로 프로젝트 수업을 운영하고 교류활동을 진행중에 있다. 그동안 실시했던 다양한 동아리 활동들을 소개하고 함께 하기를 권유하는 시간을 가졌다. 우리 학교에서 준비한 멸종위기종 뱃지와 생물다양성 보존을 위한 엽서를 써서 보내기로 하였다. 2개 나라에서도 각 나라의 생물다양성에 대한 조사 활동을 통해 공동으로 프로젝트 학습을 진행하고 캠페인 활동을 추진하기도 하였다.

각 나라와 학교의 상황과 문화적 배경이 조금씩 다르지만 지구 공동체의 같은 구성원으로서 함께 지켜나가야 할 가치를 공유한다는 것이 의미있는 교류 활동이라고 생각되었다. 학생들도 국제교류라는 활동을 '생물다양성'이라는 주제로 함께 하는 것에 특별함을 느끼고 지속적인 교류를 위해 준비하고 있다. 다른 나라 학생들과의 지속적인 교류 활동을 통해 학생들은 지구공동체의 구성원으로서 소속감을 가지고 책임감 있는 자세로 활동에 임하고 있다. 세계시민의 구성원으로서, 또한 함께 협력하고 연대해야 할 친구이자 동료로서 아이들은 조금씩 성장하고 있다. 체험과 활동 중심의 자기주도적 활동과 함께 공동 참여와 홍보, 캠페인 등을 통해 생물다양성 보존의 가치를 공유하고 그 중요성을 확산하는 이러한 동아리 활동의 기본적인 운영방법은 지속적으로 이어져오고 있다.

<말레이시아-싱가포르 초등학교와의 국제교육교류활동>

이러한 동아리 활동은 교과와 연계하는 동시에 매주 2시간 정도의 자율동아리 시간을 활용하여 체험, 공유 및 확산하는 활동을 실시하였다. 교과 시간에는 글로벌 이슈에 대한 감수성 함양을 위한 인지적 역량 강화 학습 활동을 하고(Think Globally, ⓣ활동), 창의적 체험 활동 시간에는 학교 및 마을 등 주변에서 먼저 실천하는 글로컬 활동(Act Locally, ⓐ활동)과 교내 및 다른 학교, 유관 기관과 국제 교류 활동 등을 통해 공유, 확산을 위한 활동(Spread & Share, ⓢ활동)을 실시하였다. 창의적 체험활동과의 깊은 연계는 행동과 실천을 통한 세계시민역량을 기르는데 아주 효과적이기 때문이다. 창의적 체험활동은 집단 활동에 참여해 공동체 의식을 함양하고 창의적인 삶의 태도를 기르는 것을 목표로 하고 있다. 또한 교과와의 상호 보완적 관계 속에서 앎을 적극적으로 실천하고 심신을 조화롭게 발달시키기 위해 실시하는 교과 이외의 활동(교육부, 2015b: 3) 이라고 정의된 바와 같이 지식 중심의 교과 교육과의 상호 보완적 관계 속에서 지식보다는 상대적으로 기능, 가치, 태도 함양을 통한 행동을 중요하게 다루고 있다. 교실의 활동이 학교 행사나 동아리 활동 등으로 연계되고 이것이 지역사회로 확산된다면 세계시민교육이 가지는 파급력이 더 커지게 될 것이다. 학생들이 배운 지식과 정보를 실제 생활 속에서 적용하고 스스로 체험함을 통해 의미를 깨닫는 것은 매우 특별한 교육의 효과이다. 세계시민교육의 다양한 주제들을 행동과 실천으로 옮기는 과정을 통해 교실-학교-지역 사회 활동으로 확산되고 공유된다는 것이 세계시민교육에서는 매우 의미있는 일이기에 창의적 체험활동과의 연계는 필수적이고 중요한 과정이다.

같은 글로벌 이슈라고 하더라도 그 현상은 각 지역의 특성에 따라 다양하게 나타날 수 있으므로 우리 학교, 우리 마을의 특성이 반영된 환경생태 및 과학교육활동을 통한 세계시민교육이 필요하다고 생각했다. 그것을 바로 글로컬리제이션(Glocalization)이라고 한다. 이를 학교교육에 적용해 본다면 세계시민교육의 주제 중 '육상 및 해양 생태계'라는 주제가 있을 때 각 학교의 교육과정, 교육적 특색과 학교가 위치한 지역의 인적·물적 자원에 따라 세계시민역량을 함양할 수 있는 다양한 활동이 이루어질 수 있다는 것이다. 이에 따라 각 학교의 지역적 실천활동이 다양하게 추진되고 이를 공유, 확산함으로서 그 역량의 외연을 확장할 수 있다는 점에 주목한다면 타 학교나 유관 기관과의 교류활동의 중요성을 알 수 있다. 따라서 세계시민교육은 지역적 맥락에서 다양하고 창의적인 활동으로 추진될 필요가 있고 여기에서 글로컬 창의적 체험활동의 필요성이 나타나게 되는 것이다. 특히 초등학생을 대상으로 한 세계시민교육에서 글로벌 이슈에 대한 내용은 보편적 가치를 추구한다는 점에서 다소 어렵거나 실생활과 유리되어 나타날 수 있다. 이에 글로컬 창의적체험활동은 우리 학교, 우리 지역을 기반으로 한 실천, 참여를 강조함으로서 상호보완적으로 세계시민역량을 함양할 수 있다. 즉, 글로컬 창의적체험활동에 기반한 세계시민교육은 글로벌 이슈에서 나타나는 초국가적 문제에 대한 비판적 이해와 지구공동체가 추구하는 보편적인 가치를 학교와 지역을 기반으로 한 교육활동을 통해 실천하는 것이다. 우리 학교, 우리 지역의 문제가 국가, 지구공동체의 문제와 상호 연결되어 있고 결국 지구공동체의 문제가 우리의 문제임을 인식하게 되는 것이다. 우리의 삶과 직접 연관되어 있는 학교 및 지역의 맥락에서 세계시민역량을 함양하는 것이 글로벌 이슈를 올바르게 인식하고 문제를 해결하며, 함께 살아가기 위한 지구공동체 의식에 대한 가치와 태도를 함양하게 되는 것이다. 학교와 지역에서의 작은 실천과 행동이 글로벌 이슈를 극복해나가는 첫 걸음이 될 것이기에 글로컬 창의적체험활동은 매우 중요한 개념이라고 할 수 있다.

<세계시민역량 함양을 위한 너나우리 T.A.S 프로그램 개요도>

이러한 관점에서 활동의 공유와 확산으로 세계시민감수성의 외연을 확장하는 시도들도 꾸준히 실천해오고 있다. 다소 추상적이고 포괄적인 개념인 세계시민교육을 구체적으로 수업 과정으로 구성하고, 시대에 맞게 이해하고 분석하며 발전시키기 위한 세계시민적 관점에서의 교육적 방안을 제시하기 위해서는 다양한 활동의 공유와 확산은 매우 중요한 과정 중 하나라고 생각했다.

환경과 과학 활동을 중심으로 한 세계시민교육은 공통의 주제(예를 들면 생물다양성과 같은)를 가지고도 지역과 학생들의 구성 등 특성에 따라 다양한 활동을 통해 발현될 수 있다. 코로나 시대 이후 온라인을 통한 비대면 교육활동과 교류가 활발해지고 있는 현재의 학교 환경을 고려해 볼 때 온라인 플랫폼을 통해 타 학교, 유관기관, 국제교육교류 등을 통해 관련 활동들을 공유하고 확산할 수 있는 기회가 있다면 여러 제약들로 인해 경험해보지 못한 활동들을 간접적으로 나마 할 수 있게 된다. 또한 타 학교의 좋은 활동 사례들을 벤치마킹하여 더 발전적이고 창의적인 활동으로 적용함으로서 역량 발휘에 긍정적 효과를 기대할 수 있다.

위에서 언급한 T.A.S 프로그램을 기반으로 지속가능발전목표(SDGs)를 4개의 대주제로 구분하여 세계시민교육을 실시하였다. 교과와 연계하여 각 목표에서 알아야 하는 기본적인 지식과 학습 내용을 배우고 학교 및 마을, 전문 기관의 전문가와 연계한 체험, 실습 활동과 연계하고 이를 캠페인이나 교류 활동을 통해 공유하고 확산하였다.

| 대주제 | 교과 | 성취기준 | 세계시민역량 | 적용 실천주제 |
|---|---|---|---|---|
| 환경 | 도덕 | [6도03-04] 세계화 시대에 인류가 겪고 있는 문제와 그 원인을 토론을 통해 알아보고, 이를 해결하고자 하는 의지를 가지고 실천한다. | 인지 | 기후변화대응 |
| | 사회 | [6사08-05] 지구촌의 주요 환경문제를 조사하여 해결 방안을 탐색하고, 환경문제 해결에 협력하는 세계시민의 자세를 기른다. | 인지, 사회·정서 | 기후변화대응 |
| | | [6사08-06] 지속가능한 미래를 건설하기 위한 과제(친환경적 생산과 소비 방식 확산, 빈곤과 기아 퇴치, 문화적 편견과 차별 해소 등)를 조사하고, 세계시민으로서 이에 적극 참여하는 방안을 모색한다. | 사회·정서, 행동 | 기후변화대응 |
| | 과학 | [6과05-01] 생태계가 생물 요소와 비생물 요소로 이루어져 있음을 알고 생태계 구성 요소들이 서로 영향을 주고받음을 설명할 수 있다. | 인지 | 해양·육상생태계 |
| | 실과 | [6실05-09] 생활 속의 농업 체험을 통해 지속 가능한 생활을 이해하고 실천 방안을 제안한다. | 행동 | 해양·육상생태계 |

분석 및 시사점 | 대주제 '환경'과 관련하여 기후, 생태계 및 문제해결을 위한 세계시민의 자세에 대한 성취기준을 도덕, 사회, 과학, 실과에서 제시하고 있다. 인지적 영역과 사회·정서적 영역에 비해 행동적 영역의 제시가 부족하다. '환경'은 범교과에서도 제시하고 있는 주제로서 성취기준에도 관련 내용들이 비교적 구체적으로 제시되어 있기도 한다. 그러나 기후변화대응과 생태계에 대한 범위로만 한정되어 있어 다른 주제들에 대한 성취기준은 찾아보기 어려우며, 행동적 영역에 대한 제시도 미흡하다. 따라서 물과 에너지 등 부족한 SDGs 목표에 대한 학습 및 행동적 실천을 위한 창의적 체험활동 편성이 필요하다.

<환경 주제와 관련된 교육과정 분석>

| 대주제2 - 환경 | | | | |
|---|---|---|---|---|
| 실천주제 | 활동명 | T(인지역량 강화학습) | A(글로컬 창의적체험활동) | S(공유,확산) |
| 물과 위생 / 깨끗한 에너지 | 모든 이에게 깨끗한 물과 에너지를! | <건강, 안전 물 관리> · 전세계 물부족 현황 · 빗물 저금통 <친환경 에너지 생산> · 에너지 하베스팅 · 내가 만드는 에너지 | 우리 마을의 물과 에너지 탐방하기 | ·교류학교와 활동 사례 공유 및 벤치마킹 활동 ·가정과 연계한 소등행사 참여 |
| 기후 변화 대응 | 기후 변화, 어디까지 알아봤니? | <업사이클링 교육> · 업사이클링 사례 · 업사이클링 만들기 <지구촌 기후 변화> · 기후변화의 심각성 · 기후변화 해결 방안 | 멀지만 가까운 이야기, 기후위기! | ·친환경소비 활동 홍보 및 공유 ·업사이클링 사례 공유(페트수막 활용) ·UCC 제작, 홍보 |
| 육상 생태계 /해양 생태계 | 이제는 그만! 육상생태계 오염 | <육상 생태계 보존> · 지구 생명 지수 · 생물의 다양성 | 건강한 토양, 건강한 지하수 | ·가정연계활동 (토양지하수캠프) ·마을 연계 활동 (플러킹 활동 등) |
| | 내 손으로 지키는 우리 바다 | <건강한 바다 환경> · 미세 플라스틱 심각성 · 바다 살리기 4컷 만화 | 해양환경과 생태계, 우리 함께 지켜요! | ·교내 해양환경 영화제 개최 ·내가 만든 해양 환경수업 시연 |

<너나우리 T.A.S 프로그램을 반영한 환경 주제 학습활동 내용>

먼저 환경 주제와 관련된 교과와 성취기준을 분석하여 지속가능 발전목표 중 어떤 목표와 연관을 지을 수 있을지, 어떤 활동과 연계할 수 있을지를 구상하였다. 활동 주제가 정해지면 이를 T, A, S 활동으로 구분하고 각각의 단계에 맞는 수업 활동을 준비하였다. 예를 들면 T활동은 인지적 역량를 강화하는 단계로 교과와 연계하여 학습지를 제작하여 학습하고 관련 자료나 영상 등을 보고 충분한 사전 지식을 구축하도록 하였다.

| 활동명 | | 이제는 그만! 육상생태계 오염 | | | 운영 차시 | 6 |
|---|---|---|---|---|---|---|
| 주제 개관 | 15 육상생태계 보전 | 육상생태계의 지속가능한 보호·복원·증진, 숲의 지속가능한 관리, 사막화 방지, 토지황폐화의 중지와 회복, 생물다양성 손실 중단<br>- 생물다양성 보전과 자연과 조화를 이루는 삶 실천하기 - | | | | |
| 프로젝트 목표 | ▶배움목표 1: 지역의 자연 구역을 탐색하여 생물과 공감하고, 자연과 조화를 이루는 삶의 중요성을 탐구한다.<br>▶배움목표 2: 모든 식량의 자양분으로서 토양 유지와 복원의 필요성에 대해 생각해볼 수 있다.<br>💡활동의도: 우리 지역의 육상 생태계에 영향을 주는 요소로서의 토양과 지하수에 대해 탐색하고, 육상 생태계 보전을 위한 실천 방법을 알 수 있다. | | | | | |
| 수업 흐름 | 핵심 성취기준 | 활동순서 | 교과 | 활동 내용 | 역량 | 차시 |
| | [6과05-01] 생태계가 생물 요소와 비생물 요소로 이루어져 있음을 알고 생태계 구성 요소들이 서로 영향을 주고받음을 설명할 수 있다. | T | 과학 | 지구생명 지수 감소율과 생물의 다양성 보전 방안 탐구하기 | 지식정보처리 | 1 |
| | | A | 과학 창체 | 토양·지하수 캠프 | 지식정보처리 | 3 |
| | | S | 창체 | 가정 및 마을 연계 확산 활동 (캠프 활동 및 플러깅 활동) | 공동체, 의사소통 | 2 |

<너나우리 T.A.S 프로그램을 반영한 실제 수업 설계 내용>

| 대주제 | 배움 단계 | 활동주제 | SDGs |
|---|---|---|---|
| ①생동 ②환경 ✓ ③경제 ④평화 | T → A → S | 육상 생태계 | 15 육상생태계 보전 |

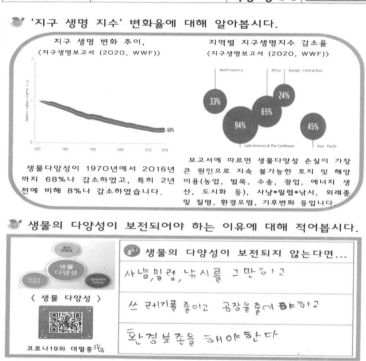

🍲 '지구 생명 지수' 변화율에 대해 알아봅시다.

**지구 생명 변화 추이,**
〈지구생명보고서 (2020, WWF)〉

생물다양성이 1970년에서 2016년까지 68%나 감소하였고, 특히 2년 전에 비해 8%나 감소하였습니다.

**지역별 지구생명지수 감소율**
〈지구생명보고서 (2020, WWF)〉

North America 33%
Africa 65%
Europe - Central Asia 24%
Latin America & The Caribbean 94%
Asia - Pacific 45%

보고서에 따르면 생물다양성 손실이 가장 큰 원인으로 지속 불가능한 토지 및 해양 이용(농업, 벌목, 수송, 광업, 에너지 생산, 도시화 등), 사냥·밀렵·낚시, 외래종 및 질병, 환경오염, 기후변화 등입니다.

🍲 생물의 다양성이 보전되어야 하는 이유에 대해 적어봅시다.

〈 생물 다양성 〉

코로나19와 대멸종

👥 생물의 다양성이 보전되지 않는다면...

사냥,밀렵, 낚시를 그만하고

쓴 권기를 줄이고  공장을줄여야하고

환경 보존을 해야한다

**<T 활동 단계에서 활용한 활동지 예시>**

위 예시는 SDGs 15번 육상생태계 수업 활동 중 T 단계에서 활용한 활동지이다. 육상생태계의 지속가능한 보호의 필요성을 지구 생명 지수 감소율이 현저하게 낮아지는 상황을 통해 알아보고, 생물의 다양성이 보전되어야 하는 이유를 스스로 적어보도록 한다. T 단계

14

활동을 통해 '지구 생명 변화 추이'와 지구 6대륙의 지구 생명 지수 감소율에 대해 파악하고 생물 다양성(종의 다양성, 유전자 다양성, 생태계의 다양성)에 대해 알아본 후 생물의 다양성이 보전되어야 하는 이유를 정리하면서 인지적인 역량을 함양할 수 있다.

　이 내용을 바탕으로 한국지질자원연구원 토양환경센터에서 실험 재료들을 지원받아 토양지하수 실험 활동을 통해 육상생태계 보호의 근간인 토양과 지하수에 대한 실험활동을 실시하였다. 과학실험을 통해 토양과 지하수의 오염 원리를 이해하고 육상생태계와의 연관성을 파악할 수 있는 활동을 계획하여 글로컬 창의적 체험학습인 Ⓐ활동을 실시하였다.

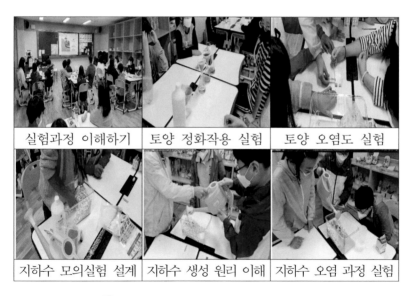

| 실험과정 이해하기 | 토양 정화작용 실험 | 토양 오염도 실험 |
| 지하수 모의실험 설계 | 지하수 생성 원리 이해 | 지하수 오염 과정 실험 |

<Ⓐ활동 단계- 토양지하수 실험 장면>

학생들이 직접 실험을 설계하고 재료를 가지고 직접 실험을 해 봄으로서 관련 내용을 좀 더 직관적으로 이해할 수 있었으며, 지속 가능한 육상생태계를 위해 생물다양성 보전 활동 이외에 우리 주변에 있는 토양과 지하수도 기본적이고 중요한 요소라는 것을 알게 되었다.

| 우리학교 및 마을 주변 플러깅 활동 | 우리마을 제비생태조사 활동 |
| --- | --- |
| 우리마을 생태탐사활동 | 가정 연계 토양지하수 캠프 | 우리학교 주변 토양 오염도 측정 |

<Ⓢ 활동 단계- 가정 및 마을과 연계한 공유, 확산 활동>

우리 학교 및 마을 주변 플러깅 활동을 통해 육상생태계 보호 활동을 확산하고, 마을 연계 생태탐사 활동을 실시하였다. 또한 가정과 연계한 토양지하수 캠프 활동을 통해 활동 결과를 확산, 공유하였다. 체계적이고 지속적인 이러한 활동을 통해 학생들은 자기주도적인 세계시민으로 성장할 수 있었다.

<2021. 환경부 환경동아리 전국 대상-환경부장관상>

　이러한 꾸준한 활동들을 통해 우리 가야별솔 동아리는 2021년 환경부 환경동아리 지원 사업 부문에서 전국 대상을 차지하여 환경부 장관상을 수상하는 영예를 얻게 되었다. 이를 계기로 정부 주관으로 열린 '2050 탄소중립 목표(비전) 선언' 1주년 기념 '더 늦기 전에, 2050 탄소중립' 행사에 미래 세대 부문 발표자로 선정되어 환경동아리 학생과 함께 우리 학교의 활동 내용을 발표하는 기회도 얻게 되었다. 또한 학교 기후·환경교육 운영 성과회에서 탄소중립활동과 연계한 세계시민교육에 대한 사례를 발표하기도 하였다. 2022년 1월에는 청와대에서 주관하는 대통령 신년인사회에 국민 대표 7인으로 우리 동아리 전체가 초청되어 온라인으로 환경과 생태보호활동을 위한 우리들의 다짐을 나누기도 하였다.

<2050 탄소중립 선언 1주년 기념 탄소중립주간 개막식>

　　동아리 활동을 통해 학생들은 자기 자신과 너, 우리, 학교와 지역에 관심을 가지고, 생각의 다름과 보편적 가치의 중요성을 인정하게 되었다. 공동체, 공감, 존중 등의 세계시민적 가치를 내면화하면서 문제해결에 대한 실천의지를 강화하고 있음을 알 수 있었다.

　　아이들과 정말 많은 추억을 만들고 즐겁게 활동했기에 기억에 남고 생각할수록 흐뭇한 일들이 많았다. 앞으로도 별솔 동아리 이름은 계속 남아 또 다른 이야기들을 만들어 갈 것이다.

## 2. 사절지에 담은 세계시민성 - 환경생태 공동프로젝트

2021년 코로나가 한창일 때 우리 반 아이들은 온라인을 통해 오히려 더 많은 친구들을 만났다. 다른 지역에 있는 초등학교 친구들을 비롯하여 앞서 언급한 말레이시아 친구들과 일본 친구들이 있었다.

일본의 미노 숲학교의 경우 초등학교와 중학교가 함께 있는 학교로 지역의 뜻있는 사람들이 모아 만든 일종의 대안학교였다. 아이들의 선택과 자율성의 범위가 매우 넓어 수업을 선택하여 초등학생과 중학생이 어울려 수업을 같이 듣고 프로젝트 수업의 경우 자신의 의지대로 참여 여부를 결정할 수 있었다. 유네스코 한국-일본 교류 프로그램의 일환으로 3개월여에 걸친 장기 프로젝트 수업으로 진행되었다.

<공동프로젝트 운영을 위한 교사 사전회의>

원활한 공동프로젝트 운영을 위해 교사들은 10여회 이상의 회의를 거쳤다. 유네스코 한국위원회에서 지원해 준 통역분이 계셔서 회의는 원활하게 진행되었으며 일본 선생님들과 일본 유네스코 담당자분들의 매우 높은 관심과 협조로 분위기는 항상 화기애애하였다.

우리 학교와 미노 숲 학교와의 교류 주제는 "Biodiversity protection in local community, moving from Human-Center Environmental Values to Nature-Centric Environmental Values(인간중심적 환경가치에서 자연중심적 환경가치로의 지역사회의 생물다양성 보호)였으며 한국과 일본 양국에서 멸종위기와 생물다양성에 대한 각각의 프로그램을 진행한 후 수업 내용을 공유, 교류하고 멸종위기동물 보호를 위한 동물원, 보호센터 등 인간의 인위적인 도움의 필요성 여부에 대한 주제로 협력적 토론활동을 실시간으로 운영하기로 하였다.

<공동프로젝트 수업 개요>

국어 교과를 중심으로 하여 사회, 미술 교과와 연계한 주제중심 프로젝트 수업으로 교과 12차시 및 창의적 체험활동 2차시 등 총 14차시로 구성하여 운영하였다.

사전 수업은 아래와 같이 프로젝트 수업으로 교과 9시간을 실시하였다. 관련된 주제의 온책 읽기를 통해 멸종 위기와 관련된 이야기들을 읽고 사례 분석과 원인 등을 정리하였다. 이후 그 내용을 바탕으로 실제 우리나라에서 멸종되었거나 멸종 위기에 처해 있는 생물들의 사례를 원인과 함께 조사하였다. 이러한 내용은 일본 미노 숲 학교도 같은 형태로 진행되었다. 우리 학교는 온책읽기 통해 멸종동물에 대한 이야기를 공부했지만 미노 숲 학교는 지역의 환경활동가를 직접 초빙하여 생물다양성 위협의 원인과 결과에 대한 강의를 진행하였다.

| 주제 | 과 목 (차시) | 활동내용 |
|---|---|---|
| 사전 수업 | 국어 (3차시) | 이유가 있어서 멸종했습니다(2019년/마루야마 다카시) 온책읽기 활동 |
| | 사회, 미술 (3차시) | 책을 읽고 멸종되었거나 멸종 위기에 처해 있는 동식물들의 사례 및 멸종 원인 등을 조사하여 포스터로 나타내기 |
| | 사회, 미술 (3차시) | 우리나라의 멸종위기 및 멸종 생물들의 사례를 조사하고, 멸종 원인을 분석한 뒤 책의 사례와 비교해보기(포스터로 나타내기) |

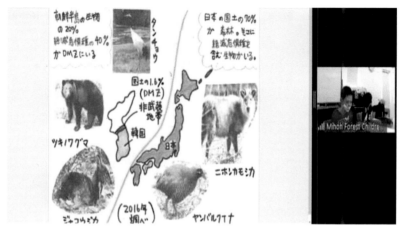

&lt;일본 학생들이 제작한 발표자료&gt;

  일본 학생들은 먼저 기후변화로 어떻게 야생동물의 삶의 터전이
훼손되고 야생동물들의 생명이 위협받는지를 이야기해주었다.
2019년에서 2020년 초반까지 호주 전역을 같아한 대형 산불로 인
하여 생명을 잃은 코알라 등의 사례를 소개하였다. 미노숲학교 학생
들은 한국과 일본의 생태계의 양상은 다르지만 생태계가 파괴되고
있다는 것은 똑같다고 하면서 대기오염과 산림 파괴 등으로 곰이나
도룡뇽, 오키나와 철새 같은 다양한 생명들이 사라지고 있다는 현실을
알려주었다.

  학생들이 각 나라에서 조사한 세부적인 내용들은 달랐지만 결국
환경과 생태의 문제가 지구공동체 모두가 함께 고민해야 할 부분
이라는 것을 알게 되었다. 또한 그 노력의 정도도 다르면 안된다는
것도 함께 말이다. 이러한 글로컬(Glocal) 세계시민성을 통해 학생
들은 배우고 성장해나가고 있는 것이다.

<우리 반 학생들이 제작한 포스터>

　우리 반 아이들은 반달가슴곰과 꺽저기(꺽지과 민물고기) 등 한국의 야생동물이 멸종위기에 처해있는 현실을 조사하여 발표하였다. 특히 반달가슴곰과 수달은 우리 지역에 서식하고 있는 멸종위기종으로, 반달가슴곰의 경우 인근 가야산 국립공원에서 그 흔적을 직접 확인하기도 하였다. 아이들은 스스로 생태계를 보존하고 생물다양성을 보호해야 하는 이유들을 찾아가고 있었다. 우리 반의 한 학생은 교류 활동 과정 중에 "벌이 있어야 꽃이 필 수 있는 것처럼 모든 생물이 다 연결되어 있기 때문에 모두 지킬 수 있도록 노력해야 한다."라고 하였다. 이에 일본의 한 학생은 훨씬 강한 어조로 "야생동물들의 생태계가 파괴된 것은 인간의 탓이 크다. 인간이 잘못한 것은 인간들이 책임져야 한다."라고 하였다. 각자 느낀 정도는 다르지만 아이들은 함께 문제를 고민하고 공감대를 형성해나가고 있었다.

| 주제 | 과목 (차시) | 활동내용 |
|---|---|---|
| 멸종동물 이야기 (생물 다양성, 생태·환경) | 국어* (3차시) -핵심 활동 (수업 교류) | *(이해하기)*<br>- 동물원 및 동물보호센터 등 생물다양성 보존을 위한 인간의 인위적인 개입에 대한 생각 나누기<br>- 관련 자료를 찾아 자신의 입장에 대한 근거 마련하기(찬성/반대)<br>*(공유하기)*<br>- 서로의 생각을 공유하고 찬성과 반대 입장 들어보기<br><br>*(관점 다양화하기)* + 일본 학생들과 의견 교류<br>- 내가 찬성(반대)했을 때 생길 수 있는 문제점은 무엇일까?<br>*(의견 정하기)* + 일본 학생들과 의견 교류<br>- 위 활동을 통해 자신의 최종 의견 정하기<br><br><활동 의도><br>- 관점 다양화하기를 통해 찬성/반대의 상반된 두 관점을 벗어나 절충되고 보완된 의견 조정으로 다양한 관점에서 문제 분석<br>- 협력적인 과정을 통해 다른 의견을 존중하고 문제 해결방식을 다양한 관점에서 조망할 수 있는 개인 역량 강화(인성교육 연계) |
| | 창의적 체험활동 (2차시) | 플라스틱 쓰레기로 만든 멸종위기 해양동물 DIY 키링 만들기를 통해 생물다양성 보존에 대한 실천의지 다지기 |

<공동프로젝트 교류활동을 위한 과정과 핵심활동>

  양국의 학생들의 이러한 고민은 '멸종위기에 처한 야생동물을 데려와 동물원이나 보호센터 등에서 보호하는 인위적 개입이 필요한가'에 대한 토론으로 이어졌다. 이 단계는 이 프로젝트 수업의 핵심활동으로 서로의 학급 안에서 1차적으로 자신들의 의견을 정리한 후 함께 그 내용을 공유하고 한국과 일본 학생들이 자신들의 생각을 이야기 하는 과정이었다. 실시간 온라인 수업을 통해 공동프로젝트를 실시하기 위한 핵심 활동으로 이루어진 협력적 토론활동은 관점

다양화하기와 의견 정하기 활동 부분이 가장 비중있는 수업 활동이었다. 어떤 학생들은 동물들은 놀고, 밥 먹고, 잘 자고의 세 가지 조건만 잘 갖춰줘도 행복하게 잘 살 것 같아 동물들이 살기에 적합한 동물원이나 보호시설이라면 충분하다고 생각한다라는 의견을 내기도 하였다, 우리 학교의 한 학생도 처음에는 이와 같은 의견이었다가 이 프로젝트 수업을 통해 동물들이 갇혀 있으면서 사람들의 시선 때문에 스트레스를 받는다는 것을 알고 시설을 만드는 것 대신에 동물들이 살아가는 터전을 더 깨끗하게 가꾸는 것이 좋겠다고 생각을 바꾸었다.

협력적 토론활동에서 관점 다양화하기가 가장 핵심적인 이유는 자신의 의견에 대하여 끊임없이 돌아보게 하고 다른 의견을 경청하는 것에 있다. 내가 선택한 의견에 따라 예상되는 문제점을 찾는 활동을 통해 나의 의견과 반대되는 의견을 경청하고 양극단의 주장만을 펴는 것이 아니라 적절한 합의점을 찾아가는 것이다. 이는 환경생태 감수성과 과학적 외연을 확장하는 과정을 통해 관용과 인정, 다양성을 인정하는 세계시민 감수성을 동시에 함양할 수 있는 의미있는 과정이 되는 것이다. 환경생태적 관점이나 과학을 이해하는 태도, 인권이나 다양성 등 민감한 이슈의 경우 많은 의견들과 관점들이 존재한다. 지구공동체의 구성원으로써 우리에게 주어진 문제들은 개개인의 힘으로는 해결해나가기 어렵다. 어느 정도의 공감대를 형성하고 함께 노력하는 방향성이 중요한 것이지 각자가 가지고 있는 생각들을 하나의 틀 안에 가둘 필요는 없는 것이다. "인간이 할 수 있는 일들이 있긴 하겠지만 솔직히 잘 모르겠다.

지금껏 그래왔던 것처럼 어차피 아무것도 달라지지 않을 것 같기도 하다."라는 어느 학생의 말이 가슴 아프게 들리지만 그 학생의 일침에도 일리는 있는 것이다.

<주제에 대한 토론활동을 하고 있는 한국과 일본의 학생들>

우리 학교 아이들이 처음부터 이렇게 심도깊게 환경생태문제를 비롯한 글로벌 이슈를 주제로 의견을 나눌 수 있던 것은 아니었다. 2년여동안 이어왔던 환경동아리 활동과 주제 중심 프로젝트 수업, 인권, 다양성, 평화 등 세계시민교육과 연계한 교과 수업 활동, 유네스코 학교 활동을 통한 국내외 교육교류 활동 등 다양한 경험들을 통해 생각의 깊이를 쌓아왔다. 시간이 지날수록 이러한 활동에서 교사가 차지하는 비중은

줄어들고 아이들이 만들어 가는 활동들이 점점 많아졌다. 처음에는 자신없어 하는 아이들도 서로의 역할을 나누어 감당할 수 크고 작은 일들을 해 나갔다. 자신의 생각을 두려움없이 발표하고 다른 친구들의 생각을 헤아리는 마음을 가지게 되었다. 다른 학교, 다른 나라 학생들과 기꺼이 생각을 나누고 미래 세대의 주역으로 함께 해야 할 소중한 존재임을 인식하게 되었다. 아이들의 생각이 범위와 깊이가 확장되어 갈수록 처음에는 A4 용지 절반도 힘들어했던 아이들이 4절지 가득 자신들의 이야기를 담을 정도로 그 역량도 늘어갔다.

<사사 주간지에 소개된 우리 학교 활동과 학생 인터뷰>

학생수도 적고 소규모의 학교이지만 우리 학교를 다니면서 아이들이 경험하는 이런 다양한 활동들이 앞으로 삶을 살아가는데 있어서 자그마한 추억이나 꿈의 밑거름이 되었으면 한다. 넓은 세상 속 세계시민의 일원으로 나아가길 희망하고 또 응원한다.

## 3. 마을 연계 환경생태프로젝트 활동으로 세계시민성 함양하기

이 장에서는 초등학교 2학년 교육과정을 우리 마을과 연계한 장소기반학습(PBL)으로 구성한 실제적인 수업 계획과 활동들을 소개하고자 한다. 이는 매년 진행되는 활동으로 교과 활동과 창의적 체험활동을 모두 포함하고 있다. 또한 마을교육주간을 활용하여 집중적으로 운영하는 방안도 포함되어 있어 독자들의 학교 교육과정과 학습 환경에 따라 다양하게 구성할 수 있다.

이 프로젝트 활동에서도 기본적으로 T.A.S 단계, 즉 인지적 역량 강화를 위한 가치와 태도 학습 단계, 기후위기대응역량과 탄소중립 실현을 위한 실천과 행동 단계, 실천 및 행동의 공유와 주변으로의 확산을 위한 공유와 확산 단계가 적용되었다.

2학년은 1학기와 2학기에 걸쳐 봄, 여름, 가을, 겨울의 사계절의 다양한 이야기를 담고 있다. 여기에 우리 마을을 비롯한 공간적 영역까지 포함하고 있어 주제에 대한 폭넓은 범위를 포함하고 있다.

시간적 배경과 공간적 배경을 함께 학습할 수 있는 2학년 교과 주제를 통해 사계절 각각의 프로젝트를 구성하고자 하였다. 이를 위해 2학년 교과를 분석하고 그와 관련된 활동을 구상해보는 것이 우선되어야 한다. 아래 표는 각 교과 성취기준과 관련한 활동들의 예시와 함께 그 활동을 통해 함양할 수 있는 관련 기후위기대응역량을 나타내고 있다.

| 교과 | 성취기준 | 관련 활동(예시) | 관련 기후위기 대응역량 |
|---|---|---|---|
| 국어 | [2국01-02] 일이 일어난 순서를 고려하며 듣고 말한다. | 줄어든 북극의 빙하와 관련된 북극곰의 이야기 듣고 의견 나누기 | 성찰, 통찰 능력, 환경 감수성 |
| | [2국02-04] 글을 읽고 인물의 처지와 마음을 짐작한다. | 파키스탄의 『이크발 이야기』 듣고 이크발의 마음 생각해보기 | 환경 공동체 의식, 의사소통 및 갈등 해결 능력 |
| | [2국03-02] 자신의 생각을 문장으로 표현한다. | 『지구에 이상한 일들이 생겨요!』 글 읽고 한줄 릴레이 써보기 | 환경 감수성, 환경 공동체 의식 |
| | [2국03-04] 인상 깊었던 일이나 겪은 일에 대한 생각이나 느낌을 쓴다. | 여름철 휴양지에서 사용했던 일회용품에 대해 생각해보고 그림일기 써보기 | 성찰, 통찰 능력 |
| 수학 | [2수01-03] 네 자리 이하 수의 범위에서 수의 계열을 이해하고, 수의 크기를 비교할 수 있다. | 지구촌 각 나라별 사용하는 플라스틱의 양 비교하기 | 환경정보 활용능력 |
| | [2수01-05] 덧셈과 뺄셈이 이루어지는 실생활 상황을 통하여 덧셈과 뺄셈의 의미를 이해한다. | 『일회용품 쓰레기 더하기 활동』 하고 알게된 점 발표하기 | 환경 공동체 의식 |
| | [2수03-09] 실생활 문제 상황을 통하여 길이의 덧셈과 뺄셈을 이해한다. | 지구온난화 막대 그래프를 이용한 덧셈 뺄셈 놀이 | 환경정보 활용능력 |

| 교과 | 성취기준 | 관련 활동(예시) | 관련 기후위기 대응역량 |
|---|---|---|---|
| 바른 생활 | [2바01-01] 학교생활에 필요한 규칙과 약속을 정해서 지킨다. | 우리 교실에서 할 수 있는 "지구 지킴이" 활동 정하기 | 의사소통 및 갈등 해결 능력, 환경 공동체 의식 |
| | [2바05-02] 동네를 위해 할 수 있는 일을 찾아 실천하면서 일의 소중함을 안다. | 우리 마을 "줍깅(줍다+조깅)" 활동 | 성찰, 통찰 능력, 환경 공동체 의식 |
| 슬기로운 생활 | [2슬02-03] 봄이 되어 볼 수 있는 다양한 동식물을 찾아본다. | 3월에 볼 수 있는 동식물의 종류가 변한 까닭 생각해보기 | 성찰, 통찰 능력, 환경정보활용능력 |
| | [2슬04-01] 여름 날씨의 특징과 주변의 생활 모습을 관련짓는다. | 여름이 점점 더워지는 이유에 대한 자신의 생각 써보기 | 환경정보활용능력 |
| 즐거운 생활 | [2즐01-02] 다양한 방법으로 교실을 꾸민다. | 업사이클링 장식 만들어보기 | 환경 감수성 |
| | [2즐03-02] 가족이나 친척이 함께 한 일을 다양한 방법으로 표현한다. | 주말에 가족과 함께 지구의 날 캠페인 참여하고 소감 말하기 | 환경 감수성, 환경 공동체 의식 |

　　위 표를 바탕으로 하여 봄, 여름, 가을, 겨울의 각 계절과 관련된 기후위기 및 환경생태관련 프로젝트 수업을 구성하고 그에 따라 우리 마을, 세계 등 공간적인 배경을 연계하여 체험 및 실천 중심의 활동으로 설정하였다. 저학년의 경우 지나친 이론 위주 중심의 수업보다는 현장체험학습이나 실기, 활동을 중심으로 수업을 진행함으로써 관련된 이론들을 자연스럽게 익히도록 수업을 구성하였다.

이 프로젝트 활동의 목표는 다음과 같다.

○ 기후위기대응역량 함양을 위한 기본적인 환경생태교육의 개념과 의미를 이해할 수 있다.

○ 기후위기, 환경생태와 관련된 글로벌 이슈에 관심을 가지고 이를 극복하기 위한 실천 활동을 일상 생활 속에서 실천하고자 하는 마음을 기른다.

○ 기후위기를 극복하고 환경과 생태를 보호하기 위한 실천과 행동을 알고 이를 주변으로 공유하고 확산하고자 하는 마음을 기른다.

교육과정 분석 및 활동 목표를 수립한 후 각 성취기준에 따라 주제를 정하고 활동 내용을 구성하였다. 이 장에서는 사계절 프로젝트에 대한 구성 내용과 함께 실제적으로 활용한 간단한 지도안과 활동지를 소개하고자 한다. 관련 교과와 단원은 학년군 성취기준 제시에 따라 1, 2학년을 함께 표시하였다.

| 차시 | 성취기준 | 주제 | 내용 |
|---|---|---|---|
| 1~2 | [2슬02-01] 봄 날씨의 특징과 주변의 생활 모습을 관련짓는다.<br>[2슬02-03] 봄이 되어 볼 수 있는 다양한 동식물을 찾아본다.<br>[2바02-02] 봄에 볼 수 있는 동식물을 소중히 여기고 보살핀다. | 따뜻한 봄! 다양한 생물들이 찾아와요 (생물다양성) | 봄과 함께 온 친구들 |
| 3~4 | | | 흙 속에는 누가 살까? |

<봄 프로젝트 구성 내용>

| 프로젝트 주제 | 따뜻한 봄! 다양한 생물들이 찾아와요(생물다양성)<br>- 봄이 찾아오는 우리 마을 | 관련 교과 및 단원 | 1학년 1학기 2. 도란도란 봄 동산<br>2학년 1학기 2. 봄이 오면 |
|---|---|---|---|
| 성취 기준 | [2슬02-01] 봄 날씨의 특징과 주변의 생활 모습을 관련짓는다.<br>[2슬02-03] 봄이 되어 볼 수 있는 다양한 동식물을 찾아본다.<br>[2바02-02] 봄에 볼 수 있는 동식물을 소중히 여기고 보살핀다. | | |
| 배움 목표 | 봄 풍경에서 볼 수 있는 다양한 생물들을 알 수 있다. | | |
| 배움 자료 | 전지, 색연필, 사인펜, 동식물 그림 | | |

| 학생 배움·지원활동 | 시량 | ❶배움의 의미, ☆자료, ♣유의점 |
|---|---|---|
| **생각 열기 및 프로젝트 주제 확인하기**<br>◎ '봄' 하면 떠오르는 단어, 말 이야기 하기<br>◎ 영상자료를 통해 봄이 오는 모습 상상하기<br>◎ 프로젝트 주제 안내하기<br>◎ 차시 배움 주제 확인하기<br><br>봄 풍경에서 볼 수 있는 다양한 생물들을 알아봅시다. | 10′ | ❶우리 주변의 봄의 풍경을 다양한 생물들을 통해 알아보고, 생물다양성의 의미에 대하여 이해하도록 한다.<br><br>☆ 봄 관련 영상 및 사진 |
| **배움1** 봄 풍경 속 다양한 생물 알아보기<br>◎ 봄에 볼 수 있는 다양한 동식물 알아보기<br>- 내가 그리고 싶은 봄의 다양한 동식물 이야기하기<br>- 협동화 그리기에 들어갈 동식물 그리고 오리기<br>◎ 우리 학교 주변 봄 풍경 이야기 하기(하천, 산, 들 등)<br>**배움2** 우리 마을의 봄과 봄 친구 그리기<br>◎ 우리 마을에서 볼 수 있는 봄 풍경과 생물들 그리기(협동화)<br>- 전지에 우리 마을의 봄 모습과 다양한 생물들 그리기<br>- 봄에 우리 마을에서 볼 수 있는 생물들을 자유롭게 그리기<br>**배움 정리 및 실천 다짐** 생물다양성이 중요한 이유 말하기<br>◎ 생물다양성이 중요한 이유 말해보기<br>- 전지에 그린 그림들을 보면서 각자의 생각 나누기 | 10′<br><br><br>50′<br><br><br>7′<br><br>3′ | ❶사실적인 모습을 묘사하거나 상상을 통해 아름다운 우리 마을의 봄과 생물들의 모습들을 표현하여 생물다양성의 의미를 이해한다.<br>☆ 전지, 사인펜, 색연필<br><br>♣ 생각의 다름을 인정하고 친구들의 이야기에 공감하는 분위기를 조성한다. |

| 평가 계획 | | | |
|---|---|---|---|
| 평가기준 | 봄 풍경 속에서 생물다양성에 대한 의미를 이해하고 표현할 수 있는가? | | |
| 평가 관점 | | 평가 방법 | 시기 |
| ·봄에 볼 수 있는 다양한 동식물에 대하여 이야기할 수 있는가? | | 관찰, 서술 | 배움1 |
| ·협동화 그리기를 통해 우리 마을의 봄과 생물들을 표현할 수 있는가? | | 관찰 | 배움2 |

<"봄과 함께 온 친구들" 학습지도안>

| 프로젝트 주제 | 따뜻한 봄! 다양한 생물들이 찾아와요(생물다양성) - 흙 속에는 누가 살까? | 관련 교과 및 단원 | 1학년 1학기 2. 도란도란 봄 동산 2학년 1학기 2. 봄이 오면 |
|---|---|---|---|
| 성취 기준 | | | |

| 프로젝트 주제 | 따뜻한 봄! 다양한 생물들이 찾아와요(생물다양성) - 흙 속에는 누가 살까? | 관련 교과 및 단원 | 1학년 1학기 2. 도란도란 봄 동산 2학년 1학기 2. 봄이 오면 |
|---|---|---|---|
| 성취 기준 | [2슬02-01] 봄 날씨의 특징과 주변의 생활 모습을 관련짓는다.<br>[2슬02-03] 봄이 되어 볼 수 있는 다양한 동식물을 찾아본다.<br>[2바02-02] 봄에 볼 수 있는 동식물을 소중히 여기고 보살핀다. | | |
| 배움 목표 | 흙 주변에 사는 다양한 생물들을 알 수 있다. | | |
| 배움 자료 | 종이박스, 사인펜, 색연필, 클레이, 나뭇가지, 목공풀 | | |

| 학생 배움·지원활동 | 시량 | ❶배움의 의미, ☆자료, ❷유의점 |
|---|---|---|
| **생각 열기 및 프로젝트 주제 확인하기**<br>● 흙과 생물들을 보호하기 위해 우리가 할 수 있는 일 이야기하기<br>● 폐자원을 활용하여 흙과 생물들을 보호할 수 있음을 알기<br>● 프로젝트 주제 안내하기<br>● 차시 배움 주제 확인하기<br><br>　　흙 주변에 사는 다양한 생물들을 알아봅시다. | 10′ | ❶자원재순환의 의미를 이해하여 흙과 생물(육상생태계) 보존과의 관계를 이해할 수 있도록 한다.<br><br>☆ 자원재활용 교육자료 |
| **배움 1** **흙 주변의 다양한 생물 알아보기**<br>● 흙 주변에서 볼 수 있는 다양한 생물 알아보기<br>- 나뭇가지, 클레이를 이용하여 흙 주변에서 볼 수 있는 다양한 생물 표현하기<br>**배움 2** **폐자원을 활용하여 나타내기**<br>● 종이박스 등 폐자원을 활용하여 다양한 생물의 모습 나타내기<br>- 종이박스 등을 흙 주변의 다양한 생물을 나타내는 배경으로 하고 배움 1에서 표현한 생물들 그리고 붙이기<br>● 자신이 표현한 내용을 발표하고 다른 친구들과 함께 보기<br>**배움 정리 및 실천 다짐** **활동 후 느낀 점 나누기**<br>● '봄' 프로젝트 학습을 통해 느낀 점 나누기<br>- 봄과 함께 오는 봄 친구들(생물들)의 소중함과 다양성의 중요성 | 10′<br><br>55′<br><br>5′ | ☆ 나뭇가지, 목공풀, 클레이<br>❶직접 관찰하였거나 조사 학습을 통해 흙 주변에 다양한 생물들이 살고 있음을 알고 이를 주어진 재료로 표현할 수 있다.<br>☆ 종이박스 등 폐자원<br><br>❷ 생각의 다름을 인정하고 친구들의 이야기에 공감하는 분위기를 조성한다. |

| 평가 계획 | | | |
|---|---|---|---|
| 평가기준 | 폐자원을 활용하여 흙 주변에 사는 생물들을 표현할 수 있는가? | | |
| 평가 관점 | | 평가 방법 | 시기 |
| ·흙 주변에 사는 생물들의 모습을 잘 관찰하고 조사할 수 있는가? | | 관찰, 서술 | 배움 1 |
| ·폐자원을 활용하여 나타낼 때 모둠원들과 협력적인 태도를 가지고 있는가? | | 관찰 | 배움 2 |

<"흙 속에는 누가 살까?" 학습지도안>

## 🐾 '10월 4일은 세계 동물의 날'

### '세계 동물의 날'이란?

🐾 '세계 동물의 날'은 인간과 동물의 유대감을 강화해 동물의 권리와 위상을 높여 **멸종위기에 처한 동물을 보호하자는 취지로 제정된 기념일로 매년 10월 4일로 지정**되어 있다.

🐾 전 세계의 동물 활동가들이 모여 동물 실험과 안락사 등 동물이 직면하고 있는 많은 문제점에 대해 의견을 나누고 해결 방안에 대해 논의한다.

🐾 글을 통하여 알게 된 '세계 동물의 날'이 갖는 의미를 적어보아요.




🐾 '세계 동물의 날'을 널리 알릴 수 있는 심볼(symbol)을 만들어 봅시다

| 세계 동물의 날 심볼 | 심볼의 의미 |
|---|---|
| | |
| | |

🐾 세계 동물의 날을 기억할 수 있는 4컷 만화 그리기를 해봅시다.

| | |
|---|---|
| | |
| | |

<더 알아보기-세계 동물의 날 활동지>

| 차시 | 성취기준 | 주제 | 내 용 |
|---|---|---|---|
| 5~10 | [2슬04-01] 여름 날씨의 특징과 주변의 생활 모습을 관련 짓는다.<br>[2바04-01] 여름철의 에너지 절약 수칙을 알고 습관화한다. | 무더운 여름,<br>깨끗하고 지속가능한<br>물과 에너지로<br>이겨내요!<br>(물과 에너지) | 깨끗한 물은 어떻게 우리에게 돌아올까?<br>(지역 연계 현장체험학습) |
| 11~16 | [2바04-02] 여름 생활을 건강하고 안전하게 할 수 있도록 계획을 세워 실천한다. | | 우리 지역의 청정에너지를 찾아서!<br>(지역 연계 현장체험학습) |

<여름 프로젝트 구성 내용>

여름 프로젝트 수업에서는 '물 뜨러 가는 길'이라는 교육 키트1)를 활용하였다. 기후 위기로 인한 물의 부족, 아동 노동의 영역 정도 로만 상황을 생각고 단순히 '불쌍하다', '힘들겠다' 정도의 관점으로 접근하기 보다는 이런 일을 겪을 수 밖에 없는 사회구조적인 문제를 인식하고 관련된 다양한 위험 요소에 공감하여, 이들의 권리를 위해 세계시민으로서 우리의 고민과 질문, 해야 하는 일에 대하여 생각해 볼 수 있도록 지도해야 한다.

<물 뜨러 가는 길 활동 자료>

---

| 프로젝트 주제 | 무더운 여름, 깨끗하고 지속가능한 물과 에너지로 이겨내요! - 깨끗한 물은 어떻게 우리에게 돌아올까? | 관련 교과 및 단원 | 1학년 1학기 2. 여름 나라 2학년 1학기 2. 초록이의 여름 여행 |
|---|---|---|---|
| 성취 기준 | [2슬04-01] 여름 날씨의 특징과 주변의 생활 모습을 관련 짓는다. [2바04-01] 여름철의 에너지 절약 수칙을 알고 습관화한다. [2바04-02] 여름 생활을 건강하고 안전하게 할 수 있도록 계획을 세워 실천한다. | | |
| 배움 목표 | 깨끗한 물이 우리에게 돌아오는 과정을 이해할 수 있다. | | |
| 배움 자료 | 간이정수기 키트, 물 뜨러 가는 길 교육키트 | | |

| 학생 배움·지원활동 | 시량 | ❶배움의 의미, ☆자료, ♨유의점 |
|---|---|---|
| **생각 열기 및 프로젝트 주제 확인하기**<br>◉ 영상을 보고 물과 관련된 자신의 경험과 생각 나누기<br>◉ 물이 우리의 생존과 에너지로서의 가치가 있음을 알기<br>◉ 프로젝트 주제 안내하기<br>◉ 차시 배움 주제 확인하기<br><br>깨끗한 물이 우리에게 돌아오는 과정을 알아봅시다. | 10′ | ❶우리가 일상적으로 사용하는 물을 에너지의 관점에서 바라볼 수 있는 계기가 될 수 있도록 한다.<br><br>☆ https://www.youtube.com/watch? v=EU5r4xtSiKM&t |
| **배움 1** 물의 소중함 알기<br>◉ 물 뜨러 가는 길 교육 키트를 활용하여 물과 관련된 다양한 내용에 대하여 알아보기<br>- 이야기를 스티커를 붙이는 활동을 통해 물의 소중함 알기 | 40′ | ☆ 물 뜨러 가는 길 교육 꾸러미<br>❶교육 꾸러미에는 인권 등 여러 관련 내용들이 있으나, 저학년의 특성을 고려하여 물에 관한 내용만 언급하도록 한다. |
| **배움 2** 우리 지역의 물은 어떻게 돌아올까? (지역 연계 현장 체험학습)<br>◉ 지역 연계 현장 체험학습을 통해 물의 정수 과정과 순환 알기<br>- 합천군 하수처리장 현장 체험학습을 통해 물의 정수 과정과 시설 등에 대하여 알아보기 | 120′ | ❶합천군 시설관리공단 정수장 견학 프로그램이 상시 운영 중이므로 연계하여 교육활동에 적용한다. |
| **배움 3** 물이 깨끗해지는 과정 실험하기<br>◉ 간이정수기 통을 활용하여 물이 깨끗해지는 과정 알아보기<br>- 물을 깨끗하게 하는 다양한 재료를 활용한 간이정수기 도구 실험을 통해 물이 정수되는 과정 이해하기 | 60′ | ☆ 4단 분리형 간이정수기 도구<br>❶실험과정 영상을 참고한다.<br>https://www.youtube.com/watch?v=iiT094MPmD0 |
| **배움 정리 및 실천 다짐** 활동 후 느낀 점 나누기<br>◉ '물'과 관련된 프로젝트 수업 활동 후 느낀 점 나누기<br>- 활동 후 물이 가지는 가치에 관하여 이야기하고 생각 나누기 | 10′ | |

| 평가 계획 | | | |
|---|---|---|---|
| 평가 기준 | 물의 순환과 정수 과정에 대하여 알고 물의 가치를 이해하는가? | | |
| 평가 관점 | | 평가 방법 | 시기 |
| • 물의 소중함과 에너지로서의 가치를 이해하고 있는가? | | 관찰 | 배움 1 |
| • 실험과정을 통해 물이 깨끗해지는 과정을 이해하고 있는가? | | 관찰 | 배움 3 |

<"깨끗한 물은 어떻게 우리에게 돌아올까?" 학습지도안>

| 프로젝트<br>주제 | 무더운 여름, 깨끗하고<br>지속가능한 물과 에너지로 이겨내요!<br>- 우리 지역의 청정에너지를 찾아서! | 관련 교과<br>및 단원 | 1학년 1학기 2. 여름 나라<br>2학년 1학기 2. 초록이의 여름 여행 |
|---|---|---|---|
| 성취 기준 | [2슬04-01] 여름 날씨의 특징과 주변의 생활 모습을 관련 짓는다.<br>[2바04-01] 여름철의 에너지 절약 수칙을 알고 습관화한다.<br>[2바04-02] 여름 생활을 건강하고 안전하게 할 수 있도록 계획을 세워 실천한다. | | |
| 배움 목표 | 청정에너지의 의미와 중요성을 알 수 있다 | | |
| 배움 자료 | 신재생에너지 사진 자료, 태양광 자동차 만들기 키트, 클레이 | | |

| 학생 배움·지원활동 | 시량 | ❶배움의 의미,<br>☆자료, ♣유의점 |
|---|---|---|
| 생각 열기 및 프로젝트 주제 확인하기<br>◉ 영상을 보고 우리 지역에 있는 합천댐 수상태양광 시설에 대하여 이야기해보기<br>◉ 태양광 에너지 같은 종류의 에너지가 중요한 이유 생각해보기<br>◉ 프로젝트 주제 안내하기<br>◉ 차시 배움 주제 확인하기<br><br>청정에너지의 의미와 중요성을 알아봅시다. | 10′ | ❶우리 지역의 합천댐 수상태양광 시설 영상을 통해 태양광 에너지에 보다 친숙하게 접근할 수 있도록 한다.<br><br>☆ https://www.youtube.com/watch?v=KDkklOU9swY |
| 배움 1 에너지 하베스팅이 뭐예요?<br>◉ 자연에서 발생하는 에너지나 버려지는 에너지를 전기에너지로 바꾸어 사용하는 에너지 하베스팅에 대하여 알아보기<br>- 에너지 하베스팅 사진 자료를 보고 공통점 알아보기<br>- 내가 생각하는 에너지 하베스팅에 대하여 생각하고 이야기해보기 | 40′ | ☆신재생에너지 사진 자료.<br>(활동자료 참고)<br>❶에너지 하베스팅 용어가 신재생에너지의 개념과 연결됨을 학생들이 자연스럽게 알 수 있도록 한다. |
| 배움 2 우리 지역의 청정에너지를 찾아서!(지역 연계 현장체험학습)<br>◉ 지역연계 현장체험학습을 통해 청정에너지 현황 알아보기<br>- 합천댐 물문화관 수상태양광 시설 견학 및 전시 자료 견학을 통해 청정에너지 사용과 현황 알아보기 | 120′ | ❶해설사가 상주하고 있으므로 필요시 해설사를 요청하여 보다 효과적인 현장체험학습이 되도록 한다. |
| 배움 3 내가 만드는 청정에너지 자동차<br>◉ 청정에너지로 가는 자동차 만들기<br>- 클레이로 나만의 청정에너지 자동차를 디자인하고 원리 설명하기<br>- 태양광 자동차 만들기 키트를 활용하여 만들기 | 60′ | ☆ 클레이, 태양광 자동차 만들기 키트<br>❶태양광 외에 풍력, 수소 등 다양한 청정에너지가 있음을 상기시켜 다양한 자동차를 창의적으로 디자인할 수 있도록 한다. |
| 배움 정리 및 실천 다짐 활동 후 느낀 점 나누기<br>◉ 프로젝트 수업 활동 후 느낀 점 나누기<br>- 활동 후 청정에너지가 가지는 가치에 대하여 이야기하고 생각나누기 | 10′ | |

| 평가 계획 | | |
|---|---|---|
| 평가기준 | 청정에너지의 가치를 알고 그 의미를 이해하고 있는가? | |
| 평가 관점 | 평가 방법 | 시기 |
| • 에너지 하베스팅의 의미와 중요성을 알고 있는가? | 관찰, 서술 | 배움 1 |
| • 나만의 청정에너지 자동차를 창의적으로 디자인하고 키트를 활용하여 만들 수 있는가? | 실기 | 배움 3 |

<"우리 지역의 청정에너지를 찾아서" 학습지도안>

# 🌷 에너지 하베스팅에 대해 알아봅시다.

| [풍력 발전] | [태양광, 태양열 발전] |
|---|---|
| 풍차를 통해서 바람 에너지를 회전운동으로 바꾸어 발전기를 구동 | 태양 에너지로부터 전기 에너지를 생산하는 발전소 |

## ❄ 에너지 하베스팅이란?
자연에서 발생하는 에너지나 버려지는 에너지를 전기 에너지로 바꾸어 사용하는 기술

| [수력 발전] : 위치에너지 발전 | [페달을 밟는 힘(진동)으로 발전] |
|---|---|
| 높은 곳에서 떨어지는 힘 등으로 에너지 생산 | 인간의 신체에서 발생하는 에너지를 활용하여 에너지 생산 |

## 🌷 여러분이 생각하는 '에너지 하베스팅'에 대해 말해볼까요?

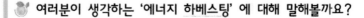

_____

_____

<더 알아보기-에너지 하베스팅 활동지>

| 차시 | 성취기준 | 주제 | 내용 |
|---|---|---|---|
| 17~18 | [2슬06-01] 가을 날씨의 특징과 주변의 생활 모습을 관련짓는다. [2바06-02] 추수하는 사람들의 수고에 감사하는 태도를 기른다. [2즐06-04] 가을 낙엽, 열매 등을 소재로 다양하게 표현한다. | 풍성한 가을, 채식으로 건강과 환경을 함께! (탄소중립) | 친환경급식 알아보기 |
| 19~20 | | | 내가 키워 채식 한 끼! |

<가을 프로젝트 구성 내용>

가을 프로젝트는 채식이라는 주제를 통해 채식을 주는 건강에 대한 이로움과 환경생태적으로 채식이 필요한 이유에 대하여 알아보는 활동이 중심이다. 학교에서 월 1회 실시하는 채식급식날인 '다채롭데이' 홍보 활동과 친환경 채식 레시피 만들어 보기 활동을 통해 직접 급식 식단을 제안하는 활동을 실시하였다.

또한 가정과 연계한 활동으로 버섯 재배 키트를 가정으로 보내어 버섯을 직접 재배해보고 그것을 활용한 요리 경연대회를 실시하여 학교에서 하는 활동들을 공유하고 확산하고자 하였다.

채식을 주제로 한 수업의 경우 채식이 지구온난화에 위해 도움이 된다고 해서 육식에 대하여 막연한 공포와 부정적인 인식을 심어주지 않도록 주의하여야 한다. 특히 저학년의 경우 채식만이 옳고 좋은 것이어서 강요하는 것이 아니라 지구의 환경과 생태를 위해 함께 참여하고 채식의 의미를 되새기는 측면에서 접근하는 것이 균형적인 인식 개선을 위해서는 더 나은 방법이라 생각한다.

| 프로젝트 주제 | 풍성한 가을, 채식으로 건강과 환경을 함께! -친환경급식 알아보기 | 관련 교과 및 단원 | 1학년 2학기 2. 현규의 추석 2학년 2학기 2. 가을아 어디 있니 |
|---|---|---|---|
| 성취 기준 | [2슬06-01] 가을 날씨의 특징과 주변의 생활 모습을 관련짓는다. [2바06-02] 추수하는 사람들의 수고에 감사하는 태도를 기른다. [2즐06-04] 가을 낙엽, 열매 등을 소재로 다양하게 표현한다. | | |
| 배움 목표 | 친환경급식의 의미와 중요성에 대하여 알 수 있다. | | |
| 배움 자료 | 학습지 | | |

| 학생 배움·지원활동 | 시량 | ●배움의 의미, ★자료, ●유의점 |
|---|---|---|
| **생각 열기 및 프로젝트 주제 확인하기** ◉ 우리 학교 급식표를 보고 친환경급식 찾아보기 ◉ 친환경급식의 의미와 중요한 이유가 무엇인지 생각해보기 ◉ 프로젝트 주제 안내하기 ◉ 차시 배움 주제 확인하기 **친환경급식의 의미와 중요성에 대하여 알아봅시다.** | 5′ | ●채식 급식의 날을 비롯하여 메뉴 중에 채식이 포함된 날을 찾아 빈도와 종류를 확인하도록 한다. ★급식식단표 |
| **배움 1** 친환경 급식이 뭐예요? ◉ 영상자료를 보고 지구를 더워지게 하는 음식 알아보기 - 소를 키우기 위해 발생하는 여러 가지 환경 오염 요소 알아보기 - 지구를 위해 우리가 먹는 것에서 할 수 있는 것 찾아보기 | 10′ | ★영상자료 https://www.youtube.com/watch?v=mLfNjt69RVo ●채식이 지구온난화를 위해 도움이 된다고 해서 육식에 대하여 막연하게 부정적인 인식을 심어주지 않도록 한다. |
| **배움 2** 나만의 친환경 식단 레시피 ◉ 나의 식단 돌아보기 - 어제 저녁으로 먹은 음식들을 생각해보고 친구들과 비교해보기 ◉ 나만의 친환경 레시피 만들기 - 온실가스를 최대한 적게 배출할 수 있는 나만의 친환경 레시피 식단을 만들어 친구들과 이야기해 보기 | 40′ | ★급식 판 모양 활동지 ●다른 친구들이 만든 친환경 비결을 보고 비교하여 평가하지 않도록 유의한다. |
| **배움 3** 함께 채식 한 끼! ◉ 채식 한 끼를 위한 홍보활동 - 채식을 위한 홍보 캠페인 구호나 문구 만들기 | 20′ | ●채식을 강요하기보다는 지구 환경을 위한 참여에 함께 할 수 의지를 돋우기 위한 홍보활동이 되도록 한다. |
| **배움 정리 및 실천 다짐** 활동 후 느낀 점 나누기 ◉ 프로젝트 수업 활동 후 느낀 점 나누기 - 채식에 대한 제 생각과 활동 후 느낌 나누기 | 5′ | |

| 평가 계획 | | | |
|---|---|---|---|
| 평가 기준 | 친환경급식의 의미와 중요성을 이해하고 있는가? | | |
| 평가 관점 | | 평가 방법 | 시기 |
| • 나만의 친환경 레시피를 만들어 이야기 할 수 있는가? | | 관찰 | 배움 2 |
| • 채식을 위한 홍보 캠페인 구호와 문구를 적절하게 만들 수 있는가? | | 관찰 | 배움 3 |

<"친환경급식 알아보기" 학습지도안>

| 프로젝트<br>주제 | 풍성한 가을,<br>채식으로 건강과 환경을 함께!<br>-내가 키워 채식 한 끼! | 관련 교과<br>및 단원 | 1학년 2학기 2. 현규의 추석<br>2학년 2학기 2. 가을아 어디 있니 |
|---|---|---|---|
| 성취 기준 | \[2슬06-01\] 가을 날씨의 특징과 주변의 생활 모습을 관련짓는다.<br>\[2바06-02\] 추수하는 사람들의 수고에 감사하는 태도를 기른다.<br>\[2즐06-04\] 가을 낙엽, 열매 등을 소재로 다양하게 표현한다. | | |
| 배움 목표 | 친환경급식에 대해 알고 일상생활 속에서 실천할 수 있다. | | |
| 배움 자료 | 버섯재배키트 | | |

| 학생 배움·지원활동 | 시량 | ❶배움의 의미,<br>★자료, ❤유의점 |
|---|---|---|
| 생각 열기 및 프로젝트 주제 확인하기<br>◉ 채식의 경험과 느낌, 생각 공유하기<br>◉ 일상생활 속에서 실천할 수 있는 친환경 식단 생각하기<br>◉ 프로젝트 주제 안내하기<br>◉ 차시 배움 주제 확인하기<br>　친환경급식에 대해 알고 일상생활 속에서 실천해 봅시다. | 5′ | ❶가정에서도 채식을 경험해봄으로써 학교에서 배운 내용을 가정과 연계하여 실천해보도록 한다. |
| 배움 1 　버섯을 키워요<br>◉ 영상자료를 보고 버섯재배키트 사용법 알기<br>- 일상생활 속에서 쉽게 재배할 수 있는 버섯재배키트 소개하기<br>- 키우는 방법 안내 및 재배 후 활동 계획 세우기 | 20′ | ★영상자료(버섯키트 설명)<br>https://www.youtube.com/watch?v=kzzxKKJ_5j34<br>❶학교에서는 키우는 방법만 자세히 안내하고 가정으로 가져가 가정 연계 활동으로 하도록 한다. 버섯 대신 상추나 다른 야채 재배 키트로 대체가 가능하다. |
| 배움 2 　무럭무럭 자라길 바래<br>◉ 버섯재배 일지 만들기<br>- 버섯이 자라는 모습과 함께 자신의 생각, 느낌을 쓸 수 있는 버섯재배 일지 만들기<br>◉ 나만의 버섯 레시피 만들기<br>- 버섯이 다 자란 후 활용방법에 대하여 생각해보고 발표하기 | 40′ | ★버섯재배일지<br>❶보통 2주 이내에 먹을 수 있을 만큼 자라므로 일지는 그 기간 정도 준비하도록 한다. |
| 배움 3 　내가 키워 채식 한 끼<br>◉ 나의 실천 사례 홍보하기<br>- 자신이 만든 버섯요리 레시피 그리고 발표 및 홍보하기 | 10′ | ❶학교에서 요리 활동을 할 경우 충분한 사전 안전 점검을 한 후 실시하도록 한다. |
| 배움 정리 및 실천 다짐 　활동 후 느낀 점 나누기<br>◉ 프로젝트 수업 활동 후 느낀 점 나누기<br>- 버섯키트재배 활동 후 자신의 생각과 느낌 나누기 | 5′ | |

| 평가 계획 | | | |
|---|---|---|---|
| 평가기준 | 일상생활 속에서 친환경식사를 실천할 수 있는가? | | |
| 평가 관점 | | 평가 방법 | 시기 |
| · 버섯재배일지를 만들어 지속적인 실천활동을 할 수 있는가? | | 관찰, 서술 | 배움 2 |
| · 나만의 버섯레시피를 통해 친환경식사를 실천할 수 있는가? | | 실기 | 배움 3 |

<"내가 키워 채식 한 끼!" 학습지도안>

| 차시 | 성취기준 | 주제 | 내용 |
|---|---|---|---|
| 21~23 | [2슬08-01] 겨울 날씨의 특징과 주변의 생활 모습을 관련짓는다. [2바08-02] 생명을 존중하며 동식물을 보호한다. | 따뜻한 겨울?? 동물들이 위험해요! (기후위기) | 북극곰을 구해줘! |
| 24~28 | [2슬08-03] 동식물의 겨울나기 모습을 살펴보고, 좋아하는 동물의 특성을 탐구한다. | | 우리가 툰베리 (온책읽기 활동) |

<겨울 프로젝트 구성 내용>

    겨울 프로젝트의 '북극곰을 구해줘!' 활동은 사진을 활용한 스토리텔링 구성형 활동이다. 지구온난화와 관련있는 다양한 사진들을 제공하고 학생들은 이 사진들을 연결하여 지구온난화에 대한 이야기를 구성한다. 이를 통해 지구온난화의 원인과 결과, 우리가 앞으로 해야할 일들에 대하여 스스로 탐구하고 활동 결과를 내면화할 수 있다.
    친숙하고 유명한 환경운동가인 그레타 툰베리의 이야기를 다룬 그림책 '그레타 툰베리가 외쳐요' 온책읽기 활동을 통해 탄소 중립 실천과 지구온난화 방지를 위한 실천의지를 다지고 교내 캠페인 활동을 통해 활동 결과를 공유하고 홍보하였다.
    저학년 학생들에게 환경생태와 관련된 주제는 다소 추상적이고 어려운 부분이 있어 이러한 그림책을 활용하면 기본적인 개념과 의미를 익히는데 아주 큰 도움이 되었다.

| 프로젝트<br>주제 | 따뜻한 겨울??<br>동물들이 위험해요!<br>-북극곰을 구해줘 | 관련 교과<br>및 단원 | 1학년 2학기 2. 우리의 겨울<br>2학년 2학기 2. 겨울탐정대의 친구 찾기 |
|---|---|---|---|
| 성취 기준 | \[2슬08-01\] 겨울 날씨의 특징과 주변의 생활 모습을 관련짓는다.<br>\[2바08-02\] 생명을 존중하며 동식물을 보호한다.<br>\[2슬08-03\] 동식물의 겨울나기 모습을 살펴보고, 좋아하는 동물의 특성을 탐구한다. | | |
| 배움 목표 | 지구온난화로 인한 피해사례를 알고 이를 막기 위한 실천 활동을 할 수 있다. | | |
| 배움 자료 | 북극곰 젠가, 지구온난화 피해 사진, 전지 | | |

| 학생 배움·지원활동 | 시량 | ❶배움의 의미,<br>⭐자료, ♟유의점 |
|---|---|---|
| **생각 열기 및 프로젝트 주제 확인하기**<br>◉ 영상자료를 보고 지구온난화에 대하여 생각해보기<br>◉ 일상생활 속에서 실천할 수 있는 지구온난화를 막기 위한 실천 사례가 무엇인지 생각해보기<br>◉ 프로젝트 주제 안내하기<br>◉ 차시 배움 주제 확인하기<br><br>지구온난화로 인한 피해사례를 알고 이를 막기 위한<br>실천 활동을 해 봅시다. | 10′ | ⭐영상자료<br>https://www.youtube.co<br>m/watch?v=00Z6b2IMzXo |
| **배움 1** **이야기로 만들기**<br>◉ 지구온난화 스토리텔링 만들기<br>- 지구온난화의 피해 사례 사진을 보고 어떤 내용인지 이야기하고 그 원인 알아보기<br>- 전지에 사진들을 붙여 스토리텔링으로 만들어 발표하기 | 60′ | ⭐지구온난화 사례 사진, 전지<br>❶사진개수는 학급 특성에 따라 탄력적으로 활용하고, 자유롭고 창의적인 이야기가 나올 수 있는 분위기를 조성한다.<br> |
| **배움 2** **북극곰을 구해줘!**<br>◉ 북극곰 젠가 놀이를 통해 지구온난화의 원인 알아보기<br>- 놀이 활동을 통해 지구온난화를 막기 위한 일상생활 속 실천 사항 알아보기<br>◉ 나의 다짐 적기<br>- 지구온난화를 막기 위한 나만의 실천 다짐 적어보기 | 40′ | ⭐북극곰 젠가<br>❶북극곰 젠가에는 지구온난화 예방을 위한 다짐 문구가 적혀 있으므로 빼고 나면 반드시 문구를 읽을 수 있도록 지도한다.<br>⭐사람모양 종이<br> |
| **배움 정리 및 실천 다짐** **활동 후 느낀 점 나누기**<br>◉ 프로젝트 수업 활동 후 느낀 점 나누기<br>- 활동 후 지구온난화를 막기 위한 자신의 생각과 의견 나누기 | 10′ | |

| 평가 계획 | | | |
|---|---|---|---|
| 평가기준 | 지구온난화의 피해사례를 알고 이를 막기 위한 실천의지를 내면화할 수 있는가? | | |
| **평가 관점** | | **평가 방법** | **시기** |
| ·지구온난화의 피해사례를 이야기로 잘 구성하여 이해하고 있는가? | | 관찰 | 배움 1 |
| ·지구온난화를 막기 위한 나만의 실천 다짐을 구체적으로 쓸 수 있는가? | | 관찰, 서술 | 배움 2 |

<"북극곰을 구해줘" 학습지도안>

| 프로젝트<br>주제 | 따뜻한 겨울??<br>동물들이 위험해요!<br>-우리가 툰베리 | 관련 교과<br>및 단원 | 1학년 2학기 2. 우리의 겨울<br>2학년 2학기 2. 겨울탐정대의 친구 찾기 |
|---|---|---|---|
| 성취 기준 | | [2슬08-01] 겨울 날씨의 특징과 주변의 생활 모습을 관련짓는다.<br>[2바08-02] 생명을 존중하며 동식물을 보호한다.<br>[2슬08-03] 동식물의 겨울나기 모습을 살펴보고, 좋아하는 동물의 특성을 탐구한다. |
| 배움 목표 | | 지구온난화로 인한 피해사례를 알고 이를 막기 위한 실천 활동을 할 수 있다. |
| 배움 자료 | | 도서 '그레타 툰베리가 외쳐요', 전지, 스마트기기, OHP필름, 네임펜 |

| 학생 배움·지원활동 | 시량 | ❶배움의 의미,<br>☆자료, ✎유의점 |
|---|---|---|
| **생각 열기 및 프로젝트 주제 확인하기**<br>◉ 책 표지를 보고 어떤 책인지 예상해보기<br>◉ 기후위기와 지구온난화에 대해서 알고 있는 내용 나누기<br>◉ 프로젝트 주제 안내하기<br>◉ 차시 배움 주제 확인하기<br>　지구온난화로 인한 피해사례를 알고 이를 막기 위한<br>　실천 활동을 해 봅시다. | 10′ | ☆온책읽기 도서 |
| **배움 1　인상깊은 장면 찾아보기**<br>◉ 온책읽기 책 내용 중 인상깊은 장면 찾아보기<br>- 그레타 툰베리에 대한 조사 활동<br>- 책 그림 중 가장 인상 깊은 장면을 찾아 OHP필름에 따라 그리기 | 60′ | ☆도서, 스마트기기, OHP<br>필름, 네임펜<br>❶온책읽기 활동은 아침활동<br>시간 등 학급운영에 따라<br>탄력적으로 진행한다.<br><br>☆전지<br>❶전 차시와 연계되는 활동<br>으로 나만의 다짐 활동을<br>모아 연계하여 운영할 수 있다. |
| **배움 2　탄소중립을 위한 실천의지를 다져요**<br>◉ 지구온난화를 막기 위한 실천의지 다지기<br>- 지구온난화 등 기후위기를 극복하기 위한 탄소중립실천활동에<br>대하여 알아보고 공동의 실천의지 담아내기<br>◉ 우리의 다짐 적기<br>- 지구온난화를 막기 위한 우리의 실천 다짐 적어보기 | 40′ | |
| **배움 3　우리 함께 지켜요**<br>◉ 교내 홍보 및 캠페인 활동<br>- 우리의 실천 다짐 및 지구온난화를 막기 위한 실천 활동 홍보<br>및 캠페인 활동 | 10′ | ☆캠페인 종이<br>❶배움 1에서 그린 OHP필름을<br>8절지 절반에 붙이고 나머지<br>절반에 실천활동 내용과<br>다짐 등을 써서 만들 수 있다. |
| **배움 정리 및 실천 다짐　활동 후 느낀 점 나누기**<br>◉ 프로젝트 수업 활동 후 느낀 점 나누기<br>- 활동 후 지구온난화를 막기 위한 자신의 생각과 의견 나누기 | | |

| 평가 계획 | | | |
|---|---|---|---|
| 평가기준 | | 지구온난화의 피해사례를 알고 이를 막기 위한 실천의지를 내면화할 수 있는가? |
| 평가 관점 | | 평가 방법 | 시기 |
| ·책의 내용 중 인상 깊은 장면을 찾아 표현할 수 있는가? | | 관찰, 실기 | 배움 1 |
| ·지구온난화를 막기 위한 홍보 및 캠페인 활동에 적극적으로 참여하는가? | | 관찰 | 배움 3 |

<"우리가 툰베리" 학습지도안>

# 두 번째 이야기.
## 환경문제에 대한 과학적 접근, 세계시민교육의 미래

### 통영 벽방초등학교의 이야기

## 1. 환경과 과학의 만남

### 가. 환경교육과 과학의 관련성

최근 2022개정 교육과정에서 생태환경교육의 중요성이 강조됨에 따라 학교 현장에서는 점점 더 환경교육의 중요성이 강조되고 있다. 하지만 학생들은 막연하게 환경 보호, 실천을 외치는 문제들에 대해서는 크게 흥미를 느끼지 못하고 있고, 필요성에 대한 이해도도 낮은 현실이다. 하지만 이러한 문제를 과학적으로 접근하도록 지도할 경우 이야기는 달라진다. 수질 오염을 막기 위해 노력해야한다고 이야기만 하기보다는 수질이 얼마나 나쁜지 실험을 통해 확인하고, 수질 개선의 필요성을 스스로 느끼도록 하는 경우, 스스로 발견한 과학적 사실에 근거하여 강한 실천 동기를 가지게 되기 때문에 지도교사가 억지로 실천을 이끌 필요가 없다. 멸종위기종 생물에 대해 보호해야한다고 말로만 하기 보다는 멸종위기종 생물을 관찰하고, 생물이 가지는 가치에 대해 직접 찾아보는 활동을 통해 스스로 멸종위기종 생물 보호에 앞장서는 동기를 키울 수 있는 것이다.

특히, 프로젝트 학습을 통해 뉴스에 보도되어 우리 국산 농민들이 시름하고 있는 수입산 과일들의 안전에 대해 탐구하는 과정에서, 누구나 좋아하고 즐기는 수입산 바나나에서 다량의 잔류농약이 검출되는 것을 확인하고 동아리 학생들이 탄성을 지르는 모습을 보면서 이런 모습이 바로 환경과 과학의 만남이자 효과적인 지도라는 것을 느낄 수 있었다.

| 우리동네 수질 분석 | 멸종위기종 생물 관찰 | 잔류농약 탐구 |

이러한 탐구 과정은 학생들로 하여금 다양한 환경 문제에 대한 관심을 가지게 됨과 동시에 스스로 자기 주도적으로 과학적으로 환경문제를 탐구해가는 역량을 길러주는 1석 2조의 효과로 나타났다. 경남교육청이 모든 학생에게 보급한 1인 1단말기를 통해 환경 이슈에 대한 뉴스 등을 검색하고, 스스로 탐구하고자 하는 이슈를 찾도록 지도한 부분 역시 학습자의 탐구 동기를 불러일으키는 데 도움이 되었다. 이러한 과정들이 사소하지만 탐구를 알차게 이끌 수 있는 중요한 부분이라고 생각한다.

생활 밀착형 주제에 대한 부분도 빼놓을 수 없다. 학생들이 주로 관심을 갖고 있고, 평소 생활에서도 많이 소비하는 컵라면 용기로 인해 생기는 문제점에 대해 직접 인지하고 자신이 소비한 컵라면 용기에 묻은 얼룩을 과학적 가설 설정과 검증 과정을 통해 지우고 재활용률을 높이는 과정은 학생들로 하여금 성취감과 함께 일상 생활 속에서의 과학적 탐구 능력과 생태 감수성을 길러주는 효과를 거두었다. 햇빛설거지 외에도 학생들이 늘 접하고 향유하고 있는 바다생태계에 대해 알아보고 미세플라스틱을 관찰하는 활동 등은 학생들의 생활 밀착형 탐구 활동으로 인기가 높았고, 공부라는 생각 보다는 즐거운 탐구 주제를 알아보는 "행복한 일"로 여기는 모습을 보였다.

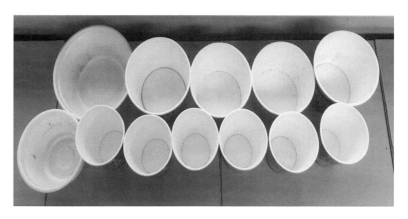

<컵라면 용기를 활용한 햇빛 설거지>

나. 세계시민교육의 미래

　최근 점점 더 그 중요성이 커지고 있는 세계시민교육은 중요한 과제에 직면해 있다. 끝임없이 이어지고 있는 우크라이나 전쟁과 이스라엘 국지전, 기후위기, 늘어나는 환경교육과 캠페인 만큼 커지고 있는 회의적인 목소리들, 환경은 우리가 그냥 두는 것이 최선이라는 자조 섞인 비판들까지. 이러한 어려움에 직면한 세계시민교육은 광범위한 영역에 대한 정리와 함께 조금 더 체계적이고 현실적인 지속 가능한 세계를 위해 나아가야 한다. 이러한 부분에 큰 영향을 미칠 수 있는 부분이 바로 과학이다. 세계시민교육의 지향점이라 할 수 있는 17가지의 SDGs 중 상당수는 지속 가능한 지구, 즉 환경교육과 관련이 깊다. 그리고 환경교육은 기후 변화에 대한 과학적 사실, 생태계 보호를 위한 과학적 접근 등 과학적인 요인과 밀접한 관련을 맺고 있다. 이와 같은 맥락에서 세계시민교육의 미래는 과학과도 관련이 깊다.

다. 환경과 과학을 접목시킨 SDGs 수업 사례

우리 학교에서는 지속가능발전목표(SDGs)를 환경과 과학을 중심으로 접목하여 다양한 활동들을 실시하였다. 학생 과학환경동아리를 중심으로 자율적이고 학생 주도적인 활동을 통해 스스로 환경생태 역량을 키우고 생태시민성과 세계시민성을 다져나가고 있다.

| 순 | 활 동 내 용 | 관련 SDGs |
|---|---|---|
| 1 | ◎ 기후위기에 대처하는 스마트팜 작물 재배<br>- 스마트팜 활용을 통한 대체작물 재배<br>- 스마트팜 재배 작물/일반 작물 비교 탐구 | <기후변화대응><br>Climate crisis |
| 2 | ◎ 국산 수입산 과일의 잔류농약 비교 실험<br>- 잔류농약 비교실험을 통한 안전성 탐구 | <육상생태계><br>Ground |
| 3 | ◎ 지구온난화를 막아라! 녹색커튼 ON!<br>- 녹색커튼 조성 및 관찰<br>- 녹색커튼의 열 차단 효과 검증 실험 | <기후변화대응><br>Climate crisis |
| 4 | ◎ 우리 주변 하천은 왜 이렇게 오염되었을까?<br>- 주변 하천, 연못, 저수지 수질 측정하기<br>- 용존산소량 간이 분석 실험을 통한 수생 식물 생육 조건 알아보기 | <해양생태계><br>Ocean |

| 순 | 활 동 내 용 | 관련 SDGs |
|---|---|---|
| 5 | ◎ 플라스틱 재활용률을 높여라! 햇빛설거지<br>- 우리나라 플라스틱 재활용률 탐구<br>- 햇빛설거지 효과 검증 실험 및 친환경 재<br>  활용률 높이기 캠페인 | <기후변화대응><br>Climate<br>crisis |
| 6 | ◎ 멸종위기종 식물 관찰활동<br>- 멸종위기종 화단 관찰하기<br>- 멸종위기종 식물 특징 정리하기<br>  (개족도리풀, 백리향 등) | <육상생태계><br>Ground |
| 7 | ◎ 미생물 활용 흙큐브로 수질을 개선하자!<br>- 수질 개선을 위한 미생물 배양 하기<br>- 배양 미생물 활용을 통한 수질 개선하기 | <해양생태계><br>Ocean |
| 8 | ◎ 미세플라스틱을 찾을 수 있을까?<br>- 해수욕장 미세플라스틱 탐사활동 | <해양생태계><br>Ocean |
| 9 | ◎ 오지 않는 비, 산성화된 토양, 땅이 아파요<br>- 우리동네 토양 수분, 산성도 측정<br>- 우리동네 토양 영양분(N.P.K) 측정 | <육상생태계><br>Ground |
| 10 | ◎ AI플러그를 활용한 에너지 절감 효과 탐구<br>- 전기 사용량 증가에 따른 전력 수급 문제 확인<br>- AI플러그 효과 검증 실험(변인통제) | <기후변화대응><br>Climate<br>crisis |

| 탐구 주제 | 기후위기에 대처하는 스마트팜 작물재배 | 탐구 장소 | 과학실 |
|---|---|---|---|
| **탐구 과정** | | | |

◎ 탐구과제1 - 스마트팜을 통한 대체작물 재배
- 재배 작물 종류 결정[온라인]
- 작물별 씨앗 파종
- 수경재배를 통한 발아
- 재배 조건 설정 및 스마트팜 가동 준비

◎ 탐구과제2 - 스마트팜 재배 /일반 작물 비교 탐구
- 재배 작물별 관찰일지 작성
- 재배 작물, 일반 작물 영양소 비교 탐구
- 탐구 결과 분석

| 탐구 결과 알게된 점 | - 스마트팜 작물 재배를 통한 친환경 재배방식을 이해함.<br>- 수경재배의 원리 및 일반 작물과의 비교 탐구를 통해 스마트팜 작물 재배가 충분히 효과적이라는 사실을 알 수 있었음. |
|---|---|

| 탐구 주제 | 국산/수입산 과일 잔류농약 비교 탐구 | 탐구 장소 | 과학실 |
|---|---|---|---|
| **탐구 과정** | | | |

◎ 탐구과제1 - 국산/수입산 과일 잔류농약 비교 실험
- 국산 수입산 과일 수집(시장, 마트 등)
- 작물별 잔류농약 측정(종류별 3개씩 측정)
- 실험 결과 분석 및 정리

◎ 탐구과제2 - 국산/수입산 과일 외관 품질 비교
- 과일 종류별 표면 관찰(1000배 USB 현미경)
- 표면 흠집, 이물질과 잔류농약 수치 등을 종합한 품질 분석

| 탐구 결과 알게된 점 | - 과일별 잔류농약측정 과정에 대해 이해함.<br>- 수입산 과일 중 일부 과일(바나나 등)에서 잔류농약 수치가 매우 높게 검출됨(시장, 마트의 바나나 모두 잔류농약 수치 초과) |
|---|---|

| 탐구 주제 | 지구 온난화를 막아라!<br>녹색커튼 ON! | 탐구<br>장소 | 과학실 |
|---|---|---|---|
| 탐구 과정 | | | |

◎ 탐구과제1 - 녹색커튼 조성 참여하기
- 작두콩, 완두콩 등 넝쿨과 식물을 활용한 녹색커튼 조성
- 녹색커튼 성장도 관찰 및 관찰일지 기록
◎ 탐구과제2 - 녹색커튼 차광효과 검증 실험
- 변인통제 및 교실 온도 비교 측정 실험
- 시간의 변화에 따른 교실 온도 변화 기록
- 녹색커튼 효과 검증 및 커튼 조성 과정 정리

| 탐구 결과<br>알게된 점 | - 식물을 활용한 친환경 차광 효과를 통해 급격하게 진행되고 있는 지구온난화에 대응하여 탄소배출량을 감소시킬 수 있음.<br>- 녹색커튼의 효과 검증을 통해 녹색커튼이 한여름에도 1도 정도의 온도를 낮추는 효과적인 방안이 될 수 있음을 과학적으로 밝힘. |
|---|---|

| 탐구 주제 | 우리 주변 하천은 왜 이렇게<br>오염되었을까? | 탐구<br>장소 | 과학실 |
|---|---|---|---|
| 탐구 과정 | | | |

◎ 탐구과제1 - 우리 주변 수질 측정하기
- 교내 연못 수질 측정
- 학교 연못, 주변 하천, 논 물 채취, 수질 분석
◎ 탐구과제2 - 수질 분석 실험
- 수질측정페이퍼를 활용하여 수질 분석하기
- 간이 키트를 활용하여 용존산소량 분석하기
- 수생식물의 최소 생육 조건 알아보기
- 용존산소량에 미치는 영향 알아보기

| 탐구 결과<br>알게된 점 | - 우리 주변 수질 오염의 심각성에 대해 이해함.<br>- 주변 수질 중 하천의 수질이 특히 좋지 않다는 점과 함께 수질과 수생식물의 생육에 영향을 미치는 다양한 요인에 대해 알 수 있었음. |
|---|---|

| 탐구 주제 | 플라스틱 재활용률을 높여라!<br>(햇빛설거지 효과 탐구) | 탐구<br>장소 | 교실,<br>가정 |
|---|---|---|---|
| 탐구 과정 | | | |

◎ 탐구과제1 - 햇빛설거지 효과 검증하기
- 우리나라 플라스틱 재활용률 통계 조사
- 스티로폼, 플라스틱, 종이 형태의 사용한 컵라면 용기 준비
- 햇빛설거지 준비(변인통제)
- 햇빛설거지 효과 추적관찰
- 얼룩별 제거도 확인
- 가정별 햇빛설거지 실천을 통해 얻을 수 있는 재활용 효과 예측

| 탐구 결과<br>알게된 점 | - 햇빛설거지를 통한 얼룩 제거 효과에 대해 과학적으로 확인함.<br>- 햇빛설거지를 통해 가정당 컵라면 등 일회용기 재활용률을 높일 수 있으며 이를 통해 연간 배출되는 탄소량을 크게 줄일 수 있음. |
|---|---|

| 탐구 주제 | 멸종 위기종 식물 관찰활동 | 탐구<br>장소 | 교내<br>화단 |
|---|---|---|---|
| 탐구 과정 | | | |

◎ 탐구과제1 - 멸종위기종 화단 관찰하기
- 교내 멸종위기종 화단 내 식물 종류 확인
- 멸종위기종 보호의 가치 탐구
- 기후변화에 따른 우리지역 식생 변화 탐구
◎ 탐구과제2 - 멸종위기종 식물 특징 정리하기
- 목걸이형 루페 활용 식물 모습 세부 관찰
- 식물 스케치 하기
- 우리학교 멸종위기종 식물 전시회를 통한 캠페인 활동 펼치기

| 탐구 결과<br>알게된 점 | - 개족도리풀, 백리향 등 멸종위기에 처한 식물의 모양과 특징에 대해 이해하고 생물다양성 보존의 중요성에 대해 느낌.<br>- 멸종위기종 보호 캠페인을 통해 많은 사람들에게 생물다양성의 가치에 대해 알림. |
|---|---|

| 탐구 주제 | 미생물 활용 흙큐브를 통한 수질 개선 활동 | 탐구 장소 | 교내 연못, 인근 하천 |
|---|---|---|---|
| 탐구 과정 | | | |
| ◎ 탐구과제1 - 미생물 배양 흙큐브 만들기<br>- 발효액, 응고제, 상토 등을 혼합한 흙큐브 제작하기<br>- 직사광선을 피한 장소에서 미생물 배양시키기<br>- 미생물 배양 환경 분석하기<br>◎ 탐구과제2 - EM흙큐브를 활용한 수질 개선 활동<br>- EM 흙공 제작 및 미생물 배양하기<br>- 배양 미생물 관찰하기(500배 USB 현미경 활용)<br>- 흙공 투여를 통한 수질 지킴이 활동하기 | | | |
| 탐구 결과 알게된 점 | - 우리 주변 수질 오염의 심각성에 대해 이해함.<br>- 미생물 배양 및 수질 개선 효과 측정을 통해 친환경 방법을 통한 수질 개선 캠페인 활동을 펼침 | | |

| 탐구 주제 | 미세플라스틱을 찾을 수 있을까? | 탐구 장소 | 비진도 해수욕장 |
|---|---|---|---|
| 탐구 과정 | | | |
| ◎ 탐구과제1 - 미세플라스틱의 위험성 탐구<br>- 미세플라스틱의 위험성 탐구[온라인]<br>- 미세플라스틱 채취를 위한 준비물 구비(체)<br>- 해수욕장 내 미세플라스틱 채집 활동 준비<br>◎ 탐구과제2 - 미세플라스틱을 찾아라~!<br>- 해수욕장 내 미세플라스틱 채취<br>- 미세플라스틱 관찰 및 생태계 문제 분석<br>- 미세플라스틱 줄이기 비치코밍 캠페인 | | | |
| 탐구 결과 알게된 점 | - 바다쓰레기의 가장 큰 비중이 일회용 플라스틱이었으며 플라스틱이 부서지거나 분해되는 과정에서 미세플라스틱이 다수 바다로 녹아들 것으로 생각되었음.<br>- 미세플라스틱 관찰을 통해 미세플라스틱을 물고기가 먹이로 오해할 수 있겠다는 생각이 들었음. | | |

| 탐구 주제 | 오지 않는 비, 산성화된 토양이 아파요 | 탐구 장소 | 도서실, 학교 주변 |
|---|---|---|---|
| **탐구 과정** | | | |

◎ 탐구과제1 - 우리 동네 토양 수분, 산성도 측정
 - 학교 주변 농토 토양 산성도 측정
 - 산성도 측정 결과 지도 만들기
 - 위치별 토양 채취를 통한 분석 실험 준비
◎ 탐구과제2 - 우리동네 토양 영양분(N.P.K) 측정
 - 토양의 주요 성분과 역할 탐구[온라인]
 - 토양 샘플(A,B,C구역) 채취 및 증류수와 혼합
 - 간이 토양 성분 측정 키트를 통한 토양 성분 측정(3대 요소인 질소, 인산, 칼륨 함량 분석)

| 탐구 결과 알게된 점 | - 우리 주변 토양 탐구를 통한 가뭄, 토양 산성화의 심각성이 대해 이해할 수 있었음. 문헌 조사를 통해 토양이 식물 생장에 큰 영향을 미칠 수 있다는 내용을 확인함.<br> - 토양 산성화를 가속화하는 인간의 산업활동과 폐수 등에 대해 알리는 자료집을 제작하기로 함.<br> - 우리 주변 경작지의 토양 중 다수의 토양이 충분한 N,P,K를 함유하고 있지 못하다는 사실을 확인함. |
|---|---|

| 탐구 주제 | 미세플라스틱을 찾을 수 있을까? | 탐구 장소 | 비진도 해수욕장 |
|---|---|---|---|
| **탐구 과정** | | | |

◎ 탐구과제1 - AI플러그 활용 실험 장소 변인
 - 에너지 절감의 중요성과 AI의 발전 탐구
 - AI플러그를 활용한 에너지 절감 효과 탐구 실험 설계
◎ 탐구과제2 - AI플러그 활용 탄소 배출량 줄이기
 - <A>만 AI플러그를 통해 미 사용시 스위치 뿐 아니라 전력 공급을 아예 차단함. (B는 사용량만 측정)
 - 어플리케이션을 통한 원격 통제[온라인]

| 탐구 결과 알게된 점 | AI플러그를 활용하여 에너지 절약 효과를 거둘 수 있음이 확인되었으며 사용 영역을 확대할 경우 학교, 가정 내 에너지 절감 효과가 클 것으로 판단되었음. |
|---|---|

## 2. 국제교류에 대한 세계시민교육적 접근, 국제환경교류

가. 스스로 즐길 수 있는 상황, 주제 정하기

국제교육교류를 준비함에 있어서 가질 수 있는 고민은 어떤 주제를 통해 교류를 실시하고 교육적인 효과를 얻을 수 있을까 하는 문제이다. 단위학교 온라인국제교육교류 사업은 주제를 한정하고 있지 않았기 때문에 국제교육교류의 주제로 고민하던 중 단순히 문화, 친목에 관한 주제보다는 현재 관심을 갖고 운영중인 환경동아리 활동과 연계한 국제환경교육교류의 형태로 방향을 잡게 되었다.

국제교류의 성격에 맞게 지구촌의 글로벌 환경이슈에 대한 두 나라에서 실시되고 있는 활동에 대한 경험을 나누고 함께 교류를 진행하고자 했다. 말레이시아 학교 측에 2021년부터 환경교육교류를 제안했고, 2년간 교류를 원활하게 진행할 수 있었다. 교류 주제를 정함에 있어서 큰 대전제는 2030년까지 전 세계의 공동 목표인 SDGs였다. 말레이시아 학교 측에서도 SDGs와 관련된 환경교육활동을 꾸준히 하고있다는 답변을 받을 수 있었다. 그렇게 스스로 즐길 수 있는 주제를 선정하고 국제교육교류를 시작했다.

나. 국제교육교류를 위한 물리적 환경 조성

국제교육교류를 함에 있어서 중요한 건 교류를 원활하게 할 수 있는 환경을 조성하는 것이다. 교류 대상교였던 SK-Airmerah 학교는 우리나라로부터 멀지 않은 말레이시아에 위치하고 있었지만 1시간이라는 시차가 존재했고, 학교 수업 이외의 교류활동을 계획하다

보니 고정적인 교류 시간을 조율하는 점이 중요했다. 협의 끝에 주 1회 고정적인 시간을 확보할 수 있었다.

다음으로 원활한 국제교육교류를 위해서는 정보화기기를 활용한 효과적인 환경 구축이 필요하다. 이를 위해 경남도교육청에서 제공한 기기 외에 효과적인 환경 구축을 위해 교사 계정으로 로그인 할 경우 시간 제한이 없는 zoom 화상미팅을 활용했다. 화요일의 고정적인 교류를 위해 말레이시아가 주로 활용하는 WhatsApp을 활용하여 사전 조율을 충분히 하고 교류 전 주말에는 준비한 발표자료를 서로 검토하고 화상미팅을 통해 조율하는 과정을 거치는 등의 교류 과정에 대한 시스템을 구축했다.

| 발표 환경 | 발표 모습 | 전체 배치도 |

<국제교육교류 활동 모습>

다. 동아리원 모집

일반적으로 국제교육교류의 횟수는 월 1회 정도이다. 이를 감안
하면 국제교육교류를 위해서만 존재하는 동아리를 활용할 경우 동아리
학생과의 충분한 래포 형성 부족 및 학생들의 의욕 저하가 발생할
수 있다고 생각했다. 이를 고려하여 국제교육교류를 위한 새로운
동아리를 구성하기보다는 기존에 운영하고 있는 환경동아리를 정하고
국제교육교류를 진행하였다. 또한 국제교육교류를 위한 온라인 국제
교육교류 사업(100만원) 예산을 포함하여 환경부 100대 환경동아리
(150만원), 통영ESD동아리(30만원) 등 관련된 예산을 풍부하게
확보했다.

라. 우리는 같은 지구촌에 살고 있는 "세계시민"이다.

교류의 주제를 선정하는 일은 우리에게 매우 중요했다. 앞서 언급
했듯 국제적 관점에서 SDGs를 기반으로 활동하는 환경동아리 활동
과의 연계를 위해 말레이시아측에 먼저 글로벌이슈에 대해 실천하는
모습을 서로 나누고 싶다는 의견을 전달했고, 다행스럽게도 말레이시아
측에서도 글로벌 이슈에 관한 교육은 말레이시아에서도 큰 관심을
갖고 있는 주제 중 하나라며 교류 주제로 선정하는 것에 동의하였다.

마. 학생들의 흥미와 열정을 담을 수 있는 주제 가공

국제교육교류에 임하는 한국 학생들은 우리에게는 어렵지만 말레
이시아 학생들에게는 친숙한 "영어"로 교류를 진행하는 것에 큰
부담을 갖고 있었다. 번역기 등이 발달했지만 상대적으로 말레이시아

학생들에 비해 큰 노력이 필요한 학교 환경에서 학생들의 흥미와 열정은 무엇보다 중요한 요소라고 판단하였다. 이를 감안하여 학생들의 흥미를 끌 수 있으면서도 교류 목표를 효과적으로 달성할 수 있는 목표를 설정하고자 하였다.

[벽방초등학교 - SK-Air Merah 교류 주제]

◎ 한국 말레이시아 학교 학생들 소개 및 서로 친해지기, 동아리 활동 공유

◎ 한국 말레이시아 공통의 음식 - 채식 관심 가지기, 비건음식 함께 만들기

◎ 한국 말레이시아 공통 캠페인 - 플라스틱 줄이기 활동 함께하기

◎ 한국-말레이시아 전통 의상 소개 및 전통 의상을 활용한 업사이클링 해보고 결과 공유하기

◎ 글로벌 기후위기에 대응하기 위해 생활 속에서 실천할 수 있는 것들 소개하기

학생들은 단순히 내용을 소개하는 것뿐 아니라 실제로 우리가 좋아하는 음식(김밥)을 만드는 과정을 촬영하고 채식에 대해 관심을 가지며 교류활동에 큰 흥미와 뿌듯함을 느꼈다. 이를 통해 효과적인 주제를 선정하는 것은 활발한 교류를 위한 아주 중요한 키(Key)라는 생각이 들었다.

처음 경험하는 국제교육교류는 지도교사에게 무척이나 버거울 수 있다. 어떠한 방향으로 가는지에 대한 고민 뿐 아니라 자료의 준비, 여건 조성, 사전 합의 등 매 교류마다 신경써야할 사항이 많다. 따라서 동아리 내 효과적인 체계 구축은 동아리 활동의 효율성을 높일 뿐 아니라 지도교사의 부담을 조금이나마 덜어, 더욱 풍부하고 빈번한 교류가 이루어지도록 할 수 있다.

본교에서는 총 24명의 학생 중 4명의 팀장을 선정, 매 교류마다 4개의 팀을 구성, 팀장 학생 1명씩을 편성하였다. 평균 6명 정도의 팀 내에서는 팀원의 역할을 크게 한글대본(자료조사)/영어대본/PPT로 나누고 정해진 주제에 대한 한글대본을 조사하고 지도교사에게 초안을 검토받은 뒤, 수정 통과되면 영어대본팀이 영어대본으로의 각색 후 PPT를 제작하도록 하였다. 이 과정에서는 영어대본의 자연스러움을 위해 원어민 보조교사의 도움을 많이 받았다. PPT 작성 또한 처음에 지도교사가 대신 작성하는 상황을 생각하기도 했으나 꾸준하게 이어질 교류를 생각하며 차라리 교류가 없는 날을 할당해 PPT작성법에 대한 교육을 컴퓨터실에서 실시했다. 처음에는 어려움이 있었으나 학생들의 PPT 작성 능력은 날로 향상되었고, 초반에 고생을 하고 구축한 시스템은 교류의 마지막까지 체계적인 활동이 이루어지도록 돕는 기둥 역할을 하였다.

바. 국제교육교류의 실제(돌발상황, 경험 등)

처음 경험하는 국제교육교류는 그 자체가 돌발상황의 연속이었다. 사전 교류를 위해 Zoom회의에 들어가자 6명의 말레이시아 교류팀이 들어와 있었고 기기적인 측면, 주제적인 측면, 학교 전체에서 어떻게 움직이는지 등을 쉴새 없이 물어왔다. 교사 한명이 진행하는 간단한 교류라고 생각했던 나는 굉장히 당황했으며 한 가지씩 그때그때 생각하며 답변하며 어려움을 겪었다.

국제교육교류에서 만났던 또다른 돌발상황은 실시간 대화에 관한 것이었다. 영어 활용 능력이 뛰어나지 않았던 나는 사전에 협의된 사항에 대해서는 비교적 잘 수행했으나, 교류 중간중간 물어오는 말레이시아측의 질문에 큰 어려움을 겪을 수 밖에 없었다. 더군다나 학생들 앞에서의 영어 대화이기에 부담은 배가 되었다. 이러한 과정을 겪으며 느낀 점은 교류 중 발생할 수 있는 상황에 대한 필수 구문에 대해서 익혀놓을 필요가 있다는 것이다. (예를 들면 방금 전의 발표 상황에서 자료의 ~~ 점이 잘 들리지 않았다. 시간 관계상 이 문제는 이 정도로 토의하고 다음 주제로 넘어가고 싶다. 등) 교류가 거듭되며 이 부분에 대해서도 나름의(?) 노하우가 생겼다. 특히 평소 아이들에게 꾸준히 교육한 돌발상황 대응 요령 덕분에 담당교사가 부재하게되는 상황에서도 동아리 팀장 학생 4명을 중심으로 무사히 온라인 교류를 치르는 모습에 큰 뿌듯함을 느꼈다.

&lt;지도교사의 갑작스러운 부재중에 신속히 대처하여
학생들로만 진행된 국제환경교육교류&gt;

 국제교육교류에서 겪은 마지막 어려움은 서로가 갖고 있는 "온도의
차이"였다. 활동 간의 충분한 준비가 필요했던 우리와는 달리 말레
이시아 측에서는 거의 매주 교류를 원했으며, 아이들 간의 소그룹
대화를 희망했다. 하지만 초등학생들은 소그룹 대화에 매우 취약했으며
큰 부담을 느꼈다. 따라서 이러한 점을 해결하기 위해 프리토킹의
세부 주제에 대해서도 사전에 충분한 협의와 조사를 통해 준비하
도록 하는 노력을 기울여야만 했다.


 사. 코로나 시대의 종결과 대면 교류의 준비

 코로나 시대가 끝나며 대면 교류의 가능성이 높아졌다. 대면 교류를
위해서 경상남도 온라인 국제교육교류 도움 자료집에 있는 각종
교류 양식을 살펴보았다. 그러던 중 상대교에서 적극적으로 원하는
내용을 담은 공문 샘플 양식을 요청했고, 그에 따라 공문 양식을

만들게 되었다. 그런 다음 우리 학교 방문을 포함한 방문 일정을 조율하고 방문 일정 중 오후에 통영의 케이블카를 관광하고 싶다는 내용이 있어 통영시청 환경과에 도움을 요청하여 통영 관광 안내도와 함께 통영 특산품 선물, 케이블카 할인 등의 혜택을 받을 수 있도록 하였다. 그 외에도 우리가 줄 수 있는 각종 도움들, 준비할 프로그램, 서로 교환할 증명서 등을 조율하여 제작하였다. 한국 방문 일정이기 때문에 행사 진행과 관련한 많은 부분은 한국측 학교에서 주도하여 진행하였다.

경남교육이 대한민국 미래교육입니다

 벽방초등학교

수신   SEKOLAH KEBANGSAAN AIR MERAH
(경유)
제목   Korea-Malaysia School Exchange 2022
_____

Madam Sabarina Binti Said
Headmistress
SK Air Merah
Kulim Kedah
Malaysia.

Dear Madam Sabarina Binti Said

Korea-Malaysia Environment Exchange 2022
we received your letter and checked every information about your visit to our school.
 - Date: 16<sup>th</sup> December 2022(Friday)
 - Place: Byeokbang Elemetary school in Tongyeong, South Korea.
 - Participats: 3 Principals, 2 senior and 35 teachers.

<초청 공문 기안서>

## Tentative Plan of Visiting Korea 2022

| Date | Dec 12th(Mon) | Dec 13th(Tues) | Dec 14th(Wed) | Dec 15th(Thur) | Dec 16th(Fri) | Dec 17th(Sat) | Dec 18th(Sun) |
|---|---|---|---|---|---|---|---|
| Cities | Incheon, Daegu, Busan | Busan | Busan | Busan | Tongyong | Busan, Incheon | |
| 07:00 ~ 08:40 | | Breakfast | Breakfast | Breakfast | Breakfast | Breakfast | |
| 09:00 ~ 12:00 | Arrive in Incheon Int'l airport (06:30) & Take PCR test at the airport & Moving To Daegu | Busan Cultural Center 1. Wearing A Hanbok 2. Learning Korean Traditional Instruments 3. Making Korean Foods | School visiting 1 "Busan Donggung Elementary School" | School visiting 2 "Busan Ocean Elementary School" | School visiting 3 "Tongyong Byeokbang Elementary School" | Check out hotel & Free Tour | Arrive in Incheon Int'l airport (02:30) & Check in & Back to Malaysia |
| 12:00 ~ 13:30 | Lunch | Lunch | Lunch | Lunch | Lunch | | |
| 14:00 ~ 17:30 | Visiting IACE in Daegu Joining the workshop | Haeundae Blueline & APEC Nurimaru House | Gamcheon Culture Village 1. Village tour 2. Stamp tour | Busan North Port -Visiting Exhibition Center- - Joining the ship trip- | Tongyong Cable Car & Tongyong Fishery Market | | |
| 17:30 ~ 18:30 | Dinner | Dinner | Dinner | Dinner | Dinner | Gathering at 7PM & Moving Back to Incheon Airport | |
| 18:30 ~ | Moving to Busan & Check in Hotel "Hotel Arpina" | Back to hotel | Christmas Tree Festival | Back to hotel | Back to hotel | | |
| 03:00 | | | | | | | |

<방문 일정표>

<교류 활동 수료증>

아. 대면 교류의 진행

대면 교류와 관련한 예산은 온라인국제교육교류사업, 환경동아리 사업 등에서 활용하였다. 행사 진행 과정은 다음과 같았다.

[벽방초등학교 - SK-Air Merah 대면 교류 과정]

| 순 | 내 용 | 시량 |
|---|---|---|
| 1 | 교류 시작, 말레이시아 학생 온라인 접속 | 5분 |
| 2 | 양국 국가 제창 | 5분 |
| 3 | 한국 측 교장선생님 인사 및 학교 소개 | 10분 |
| 4 | 통영교육지원청 교육장님 인사 | 5분 |
| 5 | 말레이시아 측 교장선생님 인사 및 학교 소개 | 5분 |
| 6 | 온라인 교류교 학생 영상 인사 | 5분 |
| 7 | 말레이시아 측 축하 공연(노래, 춤 등 3가지 무대) | 10분 |
| 8 | 한국 측 축하 공연(음악 줄넘기, 노래 등 2가지 무대) | 10분 |
| 9 | 양국 교류 확인서 수여(각국 교사 및 학생) 및 촬영 | 10분 |
| 10 | 양국 선물 교환 | 10분 |
| 11 | 기념 촬영 및 채식 점심 식사(한국 비빔밥) | 40분 |
| 12 | 말레이시아 측 통영 관광(미륵산 케이블카 등) | 별도 |

행사를 위해서 본교를 방문한 말레이시아 교사들을 위한 대면
행사 준비와 온라인으로 접속하는 말레이시아 학생들을 위한 온라인
교류 환경을 동시에 구축하는 일은 큰 도전이었다. 다행히 꾸준히
지속되어온 교류로 인해 온라인 교류 환경 구축 시스템이 잘 갖추어져
있었고, 장비를 담당해주시는 선생님들의 도움으로 큰 무리 없이
환경을 구축하고 교류를 진행할 수 있었다. 학생들은 지구를 주제로
한 노래를 개사하여 온라인 국제교육교류 과정을 모은 영상과 함께
불러주었다. 다양하게 주고 받은 선물과 추억 영상, 감사 인사 영상
등 서로의 열정이 만들어 낸 풍요로운 교류가 좋은 추억으로 남을
것이다. 말레이시아 학교와 학생들을 포함한 상호 방문을 계획중인
2023년의 새로운 교류도 성공적으로 이루어지기 바래본다.

<대면 교류 행사 모습>

# 3. 지역 특색을 담은 SDGs 기반 환경교육 프로젝트 운영

## 가. 통영 비상대책회의 프로젝트

2022년 벽방초등학교 5학년 학생들은 사회과 역사 파트와 연계하여 통영을 직접 돌아보며 통영의 역사와 현재를 알아보고 그 과정에서 문제점을 도출, 문제점 해결을 위한 방안을 다각도로 모색하고 1차 발표, 2차 발표회 등을 통해 통영의 유관기관의 관계자를 초청하여 의견을 발표하는 자리를 자리를 가졌다.

&lt;통영 비상대책회의 프로젝트 과정&gt;

&lt;통영 비상대책회의 프로젝트 발표 모습&gt;

나. 새로고침(F5) 프로젝트

2022년 벽방초등학교 6학년 학생들은 2022개정 교육과정에서 새롭게, 그리고 학교 현장에서 더욱 중요해지고 있는 생태전환교육과 관련한 프로젝트를 계획, 실행하기로 했다. 이러한 과정을 통해 벽방 새로고침(F5) 생태전환교육 프로젝트를 계획하게 되었다.

For green earth(초록 지구를 위해)
Forest with(생태전환교육을)
Fun(재미있고)
Forever(지속 가능하도록 실천하고)
Future(미래를 위해 확산시키자)

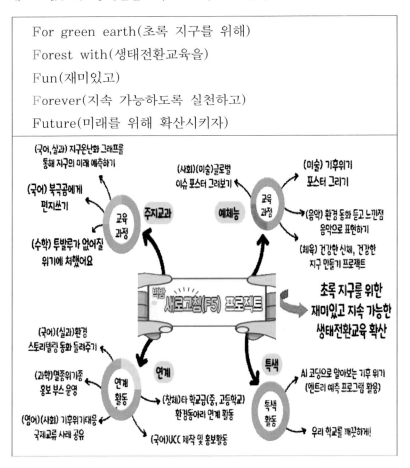

| 교과 | 교과 성격 | 성취기준 분석 | 학생중심<br>주요 활동 | 차시 | 역량 |
|------|-----------|---------------|------------------|------|------|
| 국어 | 주지교과 연계<br>(For green<br>earth) | [6국01-03] 절차와<br>규칙을 지키고 근거를<br>제시하며 토론한다. | 지구온난화<br>그래프 보며<br>토론하기 | 2 | 환경정보<br>활용능력 |
| 국어 | 주지교과 연계<br>(Future) | [6국01-07] 상대가<br>처한 상황을 이해하고<br>공감하며 듣는 태도를<br>지닌다. | 북극곰에게<br>편지쓰기 | 2 | 성찰,<br>통찰능력 |
| 사회 | 주지교과 연계<br>(For green<br>earth) | [6사04-06] 6.25 전쟁의<br>원인과 과정을 이해하고,<br>그 피해상과 영향을<br>탐구한다. | 6.25 전쟁<br>시기와 지금의<br>해양생태계<br>비교 | 2 | 성찰,<br>통찰능력 |
| 사회 | 주지교과 연계<br>(Future) | [6사07-06] 이웃 나라<br>들의 자연적, 인문적<br>특성과 교류 현황을<br>조사하고, 이를 바탕으로<br>하여 상호 이해와 협력의<br>태도를 기른다. | 국제교육교류를<br>통한 기후위기<br>공동대응 | 4 | 성찰,<br>통찰능력 |
| 수학 | 주지교과 연계<br>(Fun) | [6수05-02] 실생활<br>자료를 그림그래프로<br>나타내고, 이를 활용<br>할 수 있다. | 지구촌 각<br>나라별 배출<br>플라스틱 양<br>비교 | 2 | 환경정보<br>활용능력 |
| 수학 | 주지교과 연계<br>(Forever) | [6수05-07] 사건이<br>일어날 가능성을 수로<br>표현할 수 있다. | 투발루가<br>없어질 위기에<br>처했어요 | 2 | 환경정보<br>활용능력 |

| 교과 | 교과 성격 | 성취기준 분석 | 학생중심 주요 활동 | 차시 | 역량 |
|---|---|---|---|---|---|
| 미술 | 예체능 연계 (Future) | [6미01-03] 이미지가 나타내는 의미를 찾을 수 있다. | 기후위기 포스터 그리기 | 2 | 환경 공동체 의식 |
| 음악 | 예체능 연계 (Fun / Future) | [6음01-05] 이야기의 장면이나 상황을 음악으로 표현한다. | 환경 스토리텔링 동화 들려주기 | 4 | 성찰, 통찰능력 |
| 체육 | 예체능 연계 (Fun) | [6체01-06] 건강 증진을 위해 계획에 따라 운동 및 여가 활동에 열정을 갖고 꾸준히 참여한다. | 건강한 신체, 건강한 지구 프로젝트 | 2 | 환경 공동체 의식 |
| 실과 | 예체능 연계 (Fun, Forest) | [6실04-01] 소프트웨어가 적용된 사례를 찾아보고 우리 생활에 미치는 영향을 이해한다. | 코딩을 통한 기후위기의 심각성 알아보기 | 2 | 환경정보 활용능력 |
| 과학 | 주지교과 연계 (For green earth) | [6과05-03] 생태계 보전의 필요성을 인식하고 생태계 보전을 위해 우리가 할 수 있는 일에 대해 토의할 수 있다. | 멸종위기종과 생물다양성 토론하기 | 2 | 환경 공동체 의식 |
| 과학 | 주지교과 연계 (Fun, Forever) | [6과06-04] 계절별 날씨의 특징을 우리나라에 영향을 주는 공기의 성질과 관련지을 수 있다. | 여름철 평균 기온 상승의 이유와 오존층 파괴 알아보기 | 2 | 환경정보 활용능력 |

<성취기준 분석과 주요 활동 구성 예시>

| 교과 | 프로젝트 | 프로젝트 활동 내용 | 역량 |
|------|----------|-------------------|------|
| 실과 | 친환경 농법 | 우렁이를 활용한 우렁이 농법, 오리 농법 등 친환경 농법에 대해 알아보기 | 생태 감수성, 환경공동체 |

| 과학 | 햇빛설거지 가설 검증 | 과학과 탐구 절차 탐색하기 및 가설 검증 | 정보처리역량 |
|------|----------|-------------------|------|

| 실과 | 잘피학교 체험하기 | - 생태정화식물 "잘피" 알아보기<br>- 잘피 생태계 체험하기 | 생태감수성, 환경공동체 |
|------|----------|-------------------|------|

| 교과 | 프로젝트 | 프로젝트 활동 내용 | 역량 |
|---|---|---|---|
| 창체 | 생태환경 인사이트 투어 | 생태환경 인사이트투어를 통한 생태 공간 경험하기 | 공동체 |

| 교과 | 프로젝트 | 프로젝트 활동 내용 | 역량 |
|---|---|---|---|
| 창체 | 업사이클링 화분 이용 교실 녹화 | 사용하지 않는 재활용품 이용 업사이클링 화분 제작, 교실녹화 | 생태감수성, 환경공동체 |

| 교과 | 프로젝트 | 프로젝트 활동 내용 | 역량 |
|---|---|---|---|
| 창체 | 우리밀 프로젝트 | 우리밀 프로젝트(총 3회)를 통한 친환경 우리밀 체험하기 | 생태감수성, 환경공동체 |

다. 다양한 세계시민교육 연계 기관이 풍부한 통영

세계시민교육의 일환으로 환경동아리를 운영하며 통영에서 근무하는 것이 얼마나 큰 행복인지 알 수 있었다. 통영은 통영 RCE 세자트라숲을 필두로, 통영 지속가능발전협의회, 통영거제환경운동연합 등 기관과 연계한 교육 시스템이 잘 구축되어 있었으며 통영시청 환경과의 적극적인 협조로 시청 연계 활동도 원활하게 이루어질 수 있었다.

통영 RCE 세자트라숲 연계 친환경 다랭이논 활동

통영시청 환경과, 지속가능발전협의회,
RCE 세자트라숲, 국제교류교 연계 지구의 날 캠페인 활동

굴 폐각을 활용한 업사이클링 방법 찾기 활동

라. 육상생태계와 해양생태계가 공존하는 통영

　흔히들 통영을 해양도시라고 생각하고 그 이야기는 맞다. 하지만 통영에는 미륵산, 벽방산 등 많은 산 또한 공존하고 있다. 벽방초등학교 또한 뒤로는 벽방산이, 앞으로는 광도면의 바다를 마주하고 있다. 이렇듯 육상생태계와 해양생태계가 공존하고 있는 통영 특색의 자연 환경은 다양한 세계시민교육을 가능하게 한다.

<해양정화활동을 하고 있는 벽방초등학교 학생들>

마. 기후변화의 "최전선" 통영

최근 급변하는 기후변화로 인해 작물 재배 지형이 변화하고 있다. 욕지도에서는 감귤이, 통영 도산면에서는 애플망고와 용과가 재배되고 있고, 최근에는 바나나 재배 농장도 생겨나고 있다.

우리 학교 과학환경동아리는 이러한 기후변화의 최전선에 있는 통영의 환경들을 활용한 교육을 진행하였다. 애플망고 농장 방문 및 통영 애플망고의 우수성 알리기, 녹색커튼 조성을 통한 탄소배출 줄이기 활동 등에 앞장서고 있다.

<통영 애플망고 재배지 방문 및 탐구 활동>

# 세 번째 이야기.
## 우리가 그린 지구

## 통영 용남초등학교의 이야기

### 내 삶의 방향성과 세계시민교육

저는 푸른 바다가 매력적인 통영에 위치한 용남초등학교에 근무하는 8년차 교사입니다. 2022년, 경남 세계시민교육 선도교사로 활동했으며 현재 생태전환교육 실천교사단으로 활동하며 교육에 대한 고민을 선생님들과 함께 나누고 배워나가고 있습니다.

제가 세계시민교육을 시작하게 된 배경에 대해 설명하려면 빠질 수 없는 것이 아버지 이야기입니다. 저희 아버지는 1980년대 민주화 운동에 적극적으로 참여하여 정의로운 세상으로의 변화를 이끌고 현재까지도 인권과 정의에 대한 신념을 가지고 노동교육을 실천하고 있습니다. 아버지 밑에서 어린 시절부터 자연스레 정의, 인권, 평등과 같은 인류 보편적인 가치에 대한 중요성을 배우고 혼자 잘 사는 것이 아닌 더불어 사는 사람이 되어야겠다고 다짐했습니다.

세계시민이 인류 보편적 가치에 대해 폭넓게 이해하고 실천하는 책임 있는 시민이라는 점에서 제가 오래전부터 지향했던 삶의 방향이

비슷하다고 생각했습니다. 세계시민교육은 특별하고 어려운 것이 아니라 많은 선생님들께서 이미 가르치고 있는 내용이기도 합니다. 제가 실천한 세계시민교육 이야기를 들려드리고 앞으로 교육의 방향성에 대한 고민을 함께 나누고자 합니다.

## 환경문제는 공정한가?

신규 발령 이후 줄곧 저학년 담임만 맡다가 교직 생활 5년 차에 처음으로 고학년 담임을 맡게 되었습니다. 교육 경력이 점차 쌓여가고 새로운 변화가 생기자 고학년 아이들과는 학급을 어떻게 꾸려나갈 것인지, 어떤 선생님이 되고 싶은지, 어떤 교육을 하고 싶은지 등 교육에 대한 고민이 깊어졌습니다. 생각 끝에 내가 관심 있고 잘할 수 있는 것을 아이들에게 가르치는 것이 좋겠다는 결심이 들었습니다.

그 무렵 저는 기후위기, 환경보호, 제로웨이스트 등 환경에 대한 관심이 많았습니다. 환경보호의 필요성을 느껴 플라스틱 사용을 줄이고 분리배출을 열심히 하는 등 작은 노력을 실천해 나가고 있었습니다. 학생들에게도 환경문제의 심각성을 알려주고 작은 것이라도 하나씩, 함께 실천해보면 의미 있지 않을까 하는 생각에 환경교육을 열심히 해나갔습니다.

학생들과 미세플라스틱의 위험성을 알리고 환경보호를 실천하자는 취지의 동영상을 만들어 영상대회에 출품하기도 하고 교실에서 작은 화분들을 가꾸며 식물의 소중함과 중요성을 느끼기도 했습니다.

특별할 것 없는 활동이지만 학생들이 흥미를 가지고 좋아하는 모습을 보며 내심 뿌듯했습니다. 하지만 돌이켜보면 그 당시의 환경교육이 학생들 삶 속에서 실천으로 이어지지는 않았습니다. 제가 했던 수업은 일회성 교육에 가까웠고, 실제로 환경문제의 심각성을 몸소 느끼고 감수성을 가지기에는 부족했습니다.

그러던 중 KBS 환경스페셜 '옷을 위한 지구는 없다'라는 다큐멘터리를 보게 되었습니다. 우리가 막연히 재활용될 것이라고 생각하며 헌옷수거함에 넣는 옷들이 바다 건너 다른 나라로 수출되어 거대한 쓰레기 무덤을 만들고, 환경오염의 주범이라는 것이 주된 내용이었습니다. 패션산업으로 인해 배출되는 온실가스가 항공과 선박 산업으로 배출되는 온실가스를 합친 것보다 많으며, 옷 생산부터 폐기에 이르기까지 얼마나 많은 자원이 사용되고 환경이 오염되는지도 충격적이었지만 더욱 인상 깊었던 부분은 따로 있었습니다.

바로 선진국의 패스트패션, 과잉 생산, 과잉 소비로 인한 피해를 바다 건너 아프리카, 인도 등의 나라에서 겪는다는 사실이었습니다. 헌옷수거함에 버려진 옷들은 해외로 수출되지만 일부만 재활용되고 나머지는 그대로 버려집니다. 수많은 옷 쓰레기를 소각하거나 처리할 수 없어 내다 버리다 보니 거대한 쓰레기 무덤을 이뤘습니다.

우리나라는 세계 5위 헌 옷 수출국입니다. 하지만 우리는 옷을 버릴 때 어떻게 처리될지에 대한 고민을 깊이 하지 않습니다. 저는 환경문제로 인한 피해가 국가별로 불평등하다는 것을 깨닫고 환경교육의 방향을 다시 생각해보게 되었습니다.

주요 20개국(G20)에서 세계 온실가스의 80%를 배출하지만 기후 위기 피해는 탄소 배출을 적게 하는 태평양 지역이 가장 먼저 받게 됩니다. 2021년, 제26차 유엔기후변화협약 당사국총회 (COP26)에서 투발루 외교부 장관 사이먼 코페는 바닷물에 들어가 수중 연설을 하며 기후변화와 해수면 상승 위기를 전 세계에 알렸습니다. 바다에서 수중 연설을 한 투발루 외교부장관의 모습은 환경문제 해결을 위해 전 세계의 협력과 공동 대응이 필요함을 일깨웠습니다. 이렇듯 환경문제는 평등, 인권, 경제, 정치 등 통합적인 관점에서 접근하고 이해해야 할 문제라는 생각이 들었습니다.

　　학생들에게 '환경'에 대한 교육을 하기 위해서는 평등, 인권 등 인류 보편적인 가치에 대한 이해를 함께 돕는 것이 중요하다는 생각이 들었고, 이런 생각을 바탕으로 한 국가가 아닌 지구촌에 사는 시민으로서 어떻게 생각하고 행동하며 살아가야 하는지를 가르치는 것이 중요하다는 것을 깨닫게 되었습니다. 그때부터 저는 세계시민교육을 본격적으로 시작하게 되었으며 현재까지 이어오고 있습니다.

# 세계시민교육의 시작

## 세계시민교육을 알게 되다.

2020년, 아는 선생님의 권유로 경남초등세계시민교육 연구회에 참여하게 되었습니다. 이때만 해도 세계시민교육에 대해 잘 알지 못했고, 용어조차 낯설게 느껴졌습니다. 연구회 1년차에는 주도적으로 무언갈 하기보다 여러 선생님들의 수업 사례를 보며 세계시민교육에 대한 이해를 높였습니다.

세계시민교육에 대해 알아갈수록 내가 그동안 해오던 교육과 크게 다르지 않다는 생각이 들었습니다. 관심이 많던 환경교육도 지구촌 문제를 해결하기 위한 것이라는 점에서 세계시민교육과 다름없다고 생각했습니다. 또 고학년 담임을 맡고 교재 연구를 하며 교육과정 속에 공정무역, 평등, 인권 등 세계시민교육에 대한 내용이 많이 있음을 알게 되었습니다.

하지만 그동안 실천해왔던 환경, 인권, 평등, 경제 교육이 다소 분절적이었다면 세계시민교육에 대한 이해가 깊어진 후에는 통합적인 접근이 필요하다는 것을 느꼈습니다. 환경, 인권, 평등, 경제, 문화 등에 대한 교육이 결국 더불어 잘 살기 위해 필요한 것이며 이 모든 것을 총체적으로 이해할 때 교육의 효과가 더욱 클 것이라는 생각이 들었습니다.

세계시민교육의 필요성을 느낀 후 연구회 활동을 더욱 활발히 하기 시작했고, 2022년에는 경남 세계시민교육 선도교사로 활동하기도 했습니다. 선생님들과의 교류와 협력을 통해 수업을 발전시켜 나가고 교육프로그램을 개발하는 등 여전히 세계시민교육에 대한 재미를 느끼며 실천해오고 있습니다.

## 세계시민? 공감하고 협력하는 시민!

세계시민교육을 실천해야겠다고 마음먹은 후 먼저 세계시민교육의 방향성에 대해 고민해보았습니다. 세계시민교육의 목표는 세계시민을 양성하는 것입니다. 세계시민이라니 왠지 거창해 보입니다. 어떻게 하면 쉽게 접근할 수 있을까? 세계시민교육을 통해 아이들에게 가르치고 싶은 것이 무엇인지 고민해보았습니다.

한 마디로 '공감과 협력'입니다. 타인의 아픔에, 지구환경 위기에, 전 세계적 문제에 공감하고 여러 사람과 협력하여 해결하는 시민을 양성하는 것이 세계시민교육의 방향이라고 생각했습니다. 세계는 연결되어 있습니다. 코로나19의 범유행과 전례 없는 이상기후 현상들은 전 세계적 문제에 대한 공동 대응이 필요함을 절실히 깨닫게 만들었습니다. 지구촌 문제를 자신의 문제로 생각하지 못하면 문제해결에 대한 의지를 갖기도, 행동으로 실천하기도 어렵습니다. 그런 의미에서 공감은 매우 중요합니다. 지구가 처한 문제를 나의 문제로 생각하는 것, 거기서부터 출발하자는 생각을 했습니다.

공감 능력을 향상하기 위해서는 이론적인 교육보다 체험과 경험을 통해 감수성을 기르는 것이 좋겠다고 생각했습니다. 또한 협력의 가치를 배우도록 프로젝트 학습과 동아리 활동을 지도하기 시작했습니다. 지금부터 아이들과 함께한 세계시민교육 이야기를 들려드리려고 합니다.

## 함께 살아갈 지구를 생각하다.

### 환경동아리를 시작하다.

기후위기가 피부로 와닿기 시작하며 환경문제의 심각성에 대해 모두 공감하고 있습니다. 다가올 기후위기 시대에 대비하기 위해서는 환경문제를 모두가 함께 해결해야 할 공동의 문제로 인식하고 지속 가능한 생활양식을 자발적으로 실천하는 자세가 필요합니다. 이를 위해서는 환경 감수성을 길러주는 것이 중요하다고 생각했습니다.

이론 교육보다는 다양한 체험과 경험이 감수성을 함양하는 데 도움이 될 것이라는 생각에 환경동아리를 조직했습니다. 교과 시간을 통해 환경교육을 실천하는 것도 좋지만 조금 더 지속성 있고 다양한 경험을 하기에 적합한 것이 동아리라는 생각이 들었습니다.

동아리 이름은 '우리가 Green 지구'입니다. 학생들과 함께 초록빛으로 물든 깨끗한 지구의 모습을 그려나가기 위해 노력하겠다는 의미를 담았습니다.

처음에는 학급 환경동아리를 운영했습니다. 학생들은 다른 반에서 영화동아리, 보드게임동아리 등 흥미로운 활동을 하는 것을 부러워 하기도 하며 환경동아리에 대해 다소 부정적인 반응을 보였습니다.

재미없고 지루할 것 같다는 반응이었습니다. 저는 동아리 활동을 통해 아이들이 배우게 될 가치와 중요성에 대해 설명하고 재미있는 활동이 될 것이라고 약속했습니다. 학급 환경동아리는 교과와 창의적 체험활동 시간을 연계할 수 있어 운영이 편리했습니다. 하지만 모든 학생들이 자발적인 의지를 가지고 모인 것이 아니기에 내적 동기가 부족한 학생들이 있기도 했고, 학교를 벗어나 다양한 활동을 하기에 운영상 한계가 있었습니다.

그래서 2023년, 처음으로 5~6학년 학생을 대상으로 동아리 모집 안내를 하고 희망 학생들의 지원을 받아 환경동아리를 구성했습니다. 모두 16명의 학생들이 모였습니다.

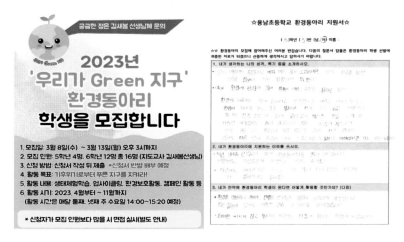

<환경동아리 모집 포스터와 학생이 작성한 지원서>

자발적인 의지로 모인 학생들이었기에 동아리 활동은 더욱 활기를 띠었고, 정규 수업이 끝난 방과후 시간에 동아리를 운영하여 운영 시간을 많이 확보하고 학교를 벗어나 다양한 활동을 하기에 좋았습니다.

　물론 학교 실정에 따라 동아리 형태를 얼마든지 달리할 수 있으며 동아리의 구성이나 형태보다는 선생님과 학생의 의지와 활동 방향 및 내용이 더욱 중요하다고 생각합니다. 저는 5~6학년 학생들로 동아리를 구성하여 6학년 학생들이 졸업해도 5학년 학생들이 동아리 활동을 이어갈 수 있도록 하고, 선후배 간 협력과 교류가 가능하도록 5~6학년 학생들을 적절히 섞어 팀을 나누어주었습니다.

## 지역에서 피어나는 환경교육

환경동아리를 운영하며 단순한 환경보호 활동보다는 환경을 생각하고 행동하는 시민성을 기를 수 있을 만한 활동을 고민했습니다. 동아리 활동이 친구, 부모님, 지역사회 등 누군가의 변화를 이끌 수 있다면 학생들도 뿌듯함을 느끼고 실천 동기를 갖는 데 큰 도움이 될 것이라는 생각이 들었습니다. 따라서 아이들이 뿌리를 내리고 있는 지역사회를 기반으로 실제 세계에서 환경교육의 주제를 찾아 직접 참여하고 문제를 해결하도록 했습니다.

그중 하나가 병뚜껑 모으기 프로젝트였습니다. 한정적인 에너지와 자원을 지속 가능하게 사용하기 위해서는 절약과 자원순환이 필요합니다. 병뚜껑은 분리배출을 잘하더라도 부피가 작아 재활용품 선별 과정에서 누락되는 경우가 많습니다. 이처럼 재활용이 어려운 작은 플라스틱을 다시 활용하기 위해 병뚜껑을 수거하여 업사이클링 제품을 만드는 업체들이 생겨나고 있습니다.

병뚜껑은 가정에서 흔하게 볼 수 있고 가벼워 학교에서 모으기에 적합했습니다. 동아리 학생들만 병뚜껑을 모을 수도 있었지만, 자원순환의 필요성을 널리 알리고 동참을 촉구하기 위해 학교 단위 행사를 기획했습니다. 지구를 생각하는 9가지 환경 미션을 제시하고 5개 이상 실천할 시 친환경제품을 선물로 주는 행사였습니다. 일명 '가족과 함께하는 환경 빙고 챌린지' 행사로 전교생을 대상으로 실시했습니다.

미션은 모두 동아리 학생들이 의논하여 정했습니다. 저학년, 고학년 학생들이 모두 참여할 수 있을 만한 미션을 생각해보자 하였고 아이들이 생각해낸 미션에는 급식 잔반 남기지 않기, 텀블러 사용하기, 장 보러 갈 때 장바구니 들고 다니기, 환경을 주제로 한 책 읽고 인증하기, 병뚜껑 5개 이상을 학교 수거함에 제출하기 등이 있었습니다.

일주일 동안 실시된 빙고챌린지는 성황을 이루었고 많은 학생들이 참여하여 병뚜껑을 2,248g 무게만큼 수거하였습니다. 동아리 학생들은 본인들이 기획한 행사가 잘 마무리된 것에 흡족해하며 앞으로 나아갈 활동에 대한 내적 동기를 얻었습니다.

통영에는 병뚜껑을 수거하는 곳이 마땅치 않았기에 인근 지역을 찾아보다가 거제의 한 제로웨이스트샵에서 병뚜껑을 수거한다는 사실을 알게 되었습니다. 동아리 학생 몇몇과 제로웨이스트샵을 방문하여 수거한 병뚜껑을 기부했고, 기부한 병뚜껑은 업사이클링 업체로 배달되어 새로운 제품으로 재탄생되었습니다. 제로웨이스트샵 사장님도 수거한 병뚜껑 양을 보고 놀라워하며 학생들을 진심으로 격려해주었습니다. 자원순환의 의미를 이해하고 직접 행동으로 실천해봄으로써 학생들은 지속 가능한 사회를 위한 희망찬 발걸음을 내디뎠습니다.

용남교육가족이 함께하는
기후행동 실천 빙고 챌린지

용남교육가족이 함께하는
기후행동 실천 빙고 챌린지

<플라스틱 병뚜껑 모으기 프로젝트 활동>

| 프로젝트 주제 | | 병뚜껑 모으기로 자원순환을 실천해요 |
|---|---|---|
| 에너지의 친환경적 생산과 소비 | | |

| 교과 및 성취기준 | 국어 | 6. 글에 담긴 생각과 비교해요 | [6국02-03] 글을 읽고 글쓴이가 말하고자 하는 주장이나 주제를 파악한다. |
|---|---|---|---|
| | 사회 | 2. 통일 한국의 미래와 지구촌의 평화 | [6사08-05] 지구촌의 주요 환경문제를 조사하여 해결방안을 탐색하고, 환경문제 해결에 협력하는 세계시민의 자세를 기른다. |
| 배움 목표 | | 자원낭비 문제를 이해하고 지속 가능한 에너지 사용을 위해 자원순환을 실천할 수 있다. | |

| 단계 | 프로젝트 활동 내용 |
|---|---|
| 도입 | ● **환경문제 알아보기**<br>- 자원순환 영상 시청하기<br>- 감상 나누기 |
| 전개 | ● **글을 읽고 글쓴이의 주장 파악하기**<br>- 에너지 고갈 문제의 심각성을 알리는 읽고 글쓴이의 주장 파악하기<br>● **에너지 고갈 문제를 해결할 수 있는 방법 탐구하기**<br>- 에너지 고갈 문제를 해결할 수 있는 방법 조사하기<br><br><탐구 결과><br>- 재활용품 분리배출 잘하기<br>- 에너지 절약하기<br>- 자원 재활용하기, 자원순환 실천하기<br>- 폐자원 에너지화<br>- 친환경 에너지 사용<br>- 신재생 에너지 개발 등<br><br>● **최선의 해결방법 선택하기**<br><br>병뚜껑 모으기로 자원순환 실천하기<br><br>● **병뚜껑 모으기**<br>- 기간: 환경교육주간 일주일<br>- 대상: 전교생<br>- 방법: 전교생에게 가족과 함께하는 환경 빙고 챌린지 안내장을 배부한다. 챌린지 미션에는 병뚜껑 5개 이상 모아 학교에 제출하는 것을 포함한다.<br>- 자원순환 실천 방법: 병뚜껑을 수거하여 자원순환을 실천하는 지역사회 기관을 알아보고 기부한다.<br>- 참여 독려 방법: 빙고 챌린지 미션을 5개 이상 수행할 경우 대나무 칫솔을 선물로 준다.<br><br>● **병뚜껑 기부로 자원순환 실천하기** |
| 정리 | ● **병뚜껑 모으기 결과 공유하기**<br>● **자원순환 실천 소감 나누기** |

## 과학실험으로 배우는 환경문제

환경교육의 범위는 매우 넓고 주제도 다양합니다. 여러 가지 환경문제 중에 어떤 주제를 다룰 것인가 고민해보았습니다. 학생들에게 익숙하고 주변에서 찾을 수 있는 주제면 좋겠다는 생각이 들었습니다. '통영'하면 떠오르는 것이 푸른 바다입니다. 바다를 보며 자란 아이들에게 물의 소중함을 가르쳐주고 싶었습니다.

그리하여 저는 '비점오염 예방'이라는 프로젝트를 계획하고 실행했습니다. 비점오염은 도로, 농경지, 공사장 등 불특정한 장소에서 배출되는 오염물질(화학비료, 기름, 쓰레기, 담배꽁초 등)이 비가 올 때 빗물에 함께 씻겨 강이나 바다로 흘러가 수질을 오염시키는 것을 말합니다. 비점오염이 문제가 되는 이유는 비가 내릴 때 여과 과정이 없이 바로 하천으로 유입되어 수질을 빠르게 오염시키기 때문입니다.

먼저 동아리 모둠별로 비점오염에 대해 조사하고 오염 원인과 해결 방법을 토의했습니다. 또 과학실험을 통해 비점오염원이 어떻게 수질을 오염시키게 되는지 알아보았습니다. 큰 수조에 찰흙으로 언덕을 만들고 집, 도로, 농경지 등을 꾸민 후 가운데 강물이 흘러가도록 물을 부었습니다. 이후 식용유와 물감을 이용해 강을 제외한 이곳저곳에 오염물질을 표현했습니다. 그리고 물뿌리개로 물을 붓기 시작하자 식용유와 물감이 강물로 흘러 들어가는 것을 확인할 수 있었습니다.

<비점 오염원 과학실험활동>

   학생들은 과학실험을 통해 비점오염원으로 인한 수질오염을 직접 눈으로 확인하게 되자 심각성을 깨닫고는 비점오염 예방에 대한 의지를 다졌습니다. 지금 당장 일상생활 속에서 실천할 수 있는 예방 방법으로는 길거리에 버려진 쓰레기 줍기가 있었습니다.

   우리 동네 쓰레기 줍깅 활동을 하며 길거리에 가장 많이 버려진 쓰레기가 무엇인지 분석해보았습니다. 단연 눈에 많이 띄는 쓰레기는 담배꽁초였습니다. 학생들은 어른들이 왜 담배꽁초를 길가에 무단

투기할까에 대해 고민해보고 결론을 내렸습니다. 담배꽁초는 냄새가 심하고 재가 떨어져 집으로 들고 가서 버리기가 곤란하기 때문입니다. 그럼 이를 해결할 수 있는 방안은 무엇일까? 인터넷 조사를 통해 '시가랩'이라는 제품을 알아냈습니다. 시가랩은 얇은 스티커 형태로 담배꽁초를 감쌀 수 있어 냄새 차단과 재가 떨어지는 것을 방지하는데 효과적인 제품입니다. 제품을 개발한 회사에 연락하여 학생들 활동으로 캠페인을 할 예정이라고 하자 감사하게도 제품을 무료로 보내주었습니다. 학생들은 사람들이 사용 방법을 쉽게 익힐 수 있도록 포스터를 제작하고 설명서를 만들어 시가랩과 함께 포장했습니다. 그리고 길거리로 나섰습니다. 처음에는 지나가는 시민들에게 시가랩을 건네고 홍보하는 것이 쑥스러워 나서기를 망설였지만 시간이 지날수록 용기 내어 설명하기 시작했습니다. 대부분의 시민들은 학생들이 환경을 생각하는 마음을 가지고 활동한다는 것에 흐뭇해하며 이야기를 잘 들어주었습니다. 확산을 위해 학교 인근 편의점과 음식점에 직접 만든 포스터와 시가랩을 비치하고 필요한 사람에게 나누어주라고 전달했습니다.

이 활동을 통해 아이들은 자신의 행동이 지역사회에 도움이 되며, 다른 사람에게 작은 변화를 이끌어낼 수 있다는 것을 깨달았습니다. 하나의 프로젝트로 과학적 지식을 쌓고, 환경문제 해결에 앞장서며 지역사회 일원으로서 역할을 수행할 수 있었습니다. 이러한 경험은 아이들에게 뿌듯함과 성취감을 느끼게 해주었습니다.

<시가랩 캠페인 활동>

| 프로젝트 주제 | 비점오염을 예방해요 |
|---|---|
| 🛡 건강하고 안전한 물 관리 | |

| 교과 및 성취기준 | 과학 | 2. 날씨와 우리 생활 | [6과06-02] 이슬, 안개, 구름의 공통점과 차이점을 이해하고 비와 눈이 내리는 과정을 설명할 수 있다. |
|---|---|---|---|
| | 미술 | 7. 생활 속 시각이미지 | [6미01-04] 이미지를 활용하여 자신의 느낌과 생각을 전달할 수 있다. |
| 배움 목표 | 비점오염의 의미를 이해하고 수질 개선을 위한 방법을 생활 속에서 실천한다. | | |

| 단계 | 프로젝트 활동 내용 |
|---|---|
| 도입 | ● **환경문제 알아보기**<br>- 수질오염에 대한 생각 나누기<br>- 일상생활에서 느낀 수질오염 사례 이야기하기 |
| 전개 | ● **비점오염에 대해 알아보기**<br>- 브레인스토밍으로 강과 바다를 오염시키는 원인 생각해보기<br>- 비점오염에 대해 조사하기(국가환경교육 통합플랫폼 참고)<br>- 조사 결과 발표 및 공유하기<br>● **비점오염 실험하기**<br><br><실험 과정><br>1. 수조에 점토로 언덕을 만든다.<br>2. 다양한 재료를 이용하여 주택, 농장, 공장, 도로 등을 꾸민다.<br>3. 언덕 사이에 물을 부어 강을 만든다.<br>4. 언덕에 물감과 기름(식용유)을 떨어트려 오염물질을 표현한다.<br>5. 물뿌리개로 언덕에 물을 붓고 관찰한다.<br><실험 결과><br>언덕에 있던 물감과 기름이 물에 씻겨 내려가 강을 오염시키는 것을 알 수 있었다. 이를 통해 불특정한 장소에 있던 오염물질이 비와 함께 떠내려가 수질을 오염시키는 것을 알게 되었다.<br><br>● **비점오염 예방 방법 알아보기**<br><br>쓰레기 버리지 않기, 반려동물과 산책할 때 배변 봉투 챙겨 다니기, 기름 찌꺼기를 땅에 묻지 않기, 화학비료와 농약 사용 줄이기, 세차는 정식 세차장에서 하기, 빗물받이에 담배꽁초 버리지 않기 등<br><br>● **비점오염을 예방해요! 우리 동네 쓰레기 줍깅**<br><br>시간: 40분<br>장소: 학교 인근 동네(OO편의점에서부터 △△마트까지)<br>준비물: 쓰레기 집게, 수거 봉투, 모자, 생수 등<br>방법: 4명씩 한 모둠이 되어 같이 돌아다니며 쓰레기를 줍고 봉투를 채운다. 다 모은 쓰레기 중 깨끗하여 분리배출이 가능한 것은 분리배출하고 아닌 것은 일반쓰레기로 분류하여 버린다.<br><br>● **시가랩 캠페인 실시하기**<br>- 시가랩 캠페인 포스터 제작하기<br>- 지역사회 주민들을 대상으로 시가랩 캠페인 실시하기<br>- 시가랩 나누어주고 인근 편의점 및 식당에 시가랩 비치하기 |
| 정리 | ● **시가랩 캠페인 소감 나누기**<br>● **가정에서 실천할 수 있는 비점오염 예방 방법 실천하기** |

# 지속 가능한 미래를 위한 행동 실천하기

11월이면 백화점, 화장품 가게 등에서 'Black Friday'라는 문구를 심심찮게 볼 수 있습니다. 미국에서 유래된 날로 추수감사절 직후 금요일을 'Black Friday'라고 하는데 연중 최대 세일 행사를 합니다. 많은 사람들이 이때를 기다렸다가 여러 종류의 물건을 구입합니다.

자신에게 필요한 물건을 구입하는 것은 마땅하지만 세일이라는 문구에 현혹되어 불필요한 소비를 하는 것은 환경적 측면에서 바람직하지 않습니다. 한 제품이 생산되고 소비, 폐기에 이르기까지 수많은 자원이 사용되고 환경오염이 일어나기 때문입니다.

학생들과 지속 가능한 생산과 소비를 하기 위한 방법들을 생각해 보았습니다. 생산 과정에서는 환경오염을 최소화하고 필요한 만큼만 생산하여 자원 낭비를 막아야 합니다. 소비자 입장에서는 불필요한 소비를 줄이고 한 번 산 물건을 오래 쓰며 기능에 문제가 없는 한 쉽게 버리지 않는 태도가 중요합니다.

이를 실천하기 위해 '제로웨이스트'에 도전했습니다. 학기 초 동아리 규칙을 정했는데 그중 대표적인 것이 동아리 활동시 텀블러 지참하기, 이면지 사용하기입니다. 처음에는 저도 학생들도 매번 텀블러를 들고 다니는 게 꽤 번거로웠지만 어느덧 다회용기 사용이 습관화되어 익숙해졌습니다. 캠페인을 할 때는 새 종이나 현수막이 아닌 폐박스와 이면지를 활용하여 불필요한 낭비를 막았습니다.

<페박스를 활용해 캠페인을 하는 모습>

동아리 규칙이 자리잡히자 학생들은 일상생활에서도 다회용기를 사용하기 시작했으며 작은 물건 하나를 사더라도 신중히 구입하게 되었다고 이야기하곤 했습니다.

한 달 동안 용기내 챌린지 기간을 정해 집중적으로 다회용기 사용을 실천하기도 했습니다. 환경교육은 지속성이 중요하지만 한 번씩 일시적인 기간을 정해 집중적으로 활동하는 방법도 학생들의 사기 진작에 효과적입니다. 용기내 챌린지는 음식을 포장할 때 일회용품 대신 다회용기를 사용해 쓰레기를 줄이자는 취지의 운동입니다. 김밥, 떡볶이, 음료 등 다회용기로 음식을 포장한 소감을 이야기하며 그동안 무심코 사용한 일회용품이 얼마나 많았는지 반성하기도 했습니다.

2023년 여름, 한국환경산업기술원에서 '녹색제품 활용 숏폼 영상 공모전'을 개최했습니다. 환경표지 인증마크가 붙은 제품을 촬영하여 환경을 위해 녹색제품 소비를 실천하자는 취지의 영상을 제작하는 공모전이었습니다. 환경표지는 제품의 생산 과정에서 에너지 및 자원의 소비를 줄이고 오염물질 발생을 최소화한 제품에 인증마크를 부여하는 제도입니다. 같은 용도의 물건을 살 때 환경표지 인증마크가 붙은 녹색제품을 구입하는 것만으로도 환경에 조금이나마 도움이 될 수 있는 것입니다.

학생들과 영상 공모전에 참여하기로 계획을 세우고 함께 모여 대본을 짰습니다. 60초 길이의 짧은 숏폼이므로 핵심 내용을 간결하고 명확하게 전달하는 것이 중요했습니다. 궁금증 유발을 위해 주인공이 학교에서 비밀 열쇠를 찾으러 다니는 줄거리를 세웠고, 주위 친구들이 열쇠의 정체를 궁금해했는데 나중에 알고 보니 녹색제품이었다는 내용을 담은 영상을 제작했습니다. 녹색제품이 환경문제를 해결해 줄 비밀 열쇠라는 뜻이었습니다.

대사를 외우는 것부터 시작해서 소품 준비, 촬영, 편집 등 어느 하나 쉬운 것이 없었습니다. 아이들도 처음에는 흥미를 가지고 참여했지만 계속해서 NG가 나자 지치기도 했고 힘든 모습을 보이기도 했습니다. 하지만 좋은 취지로 참여하는 공모전인 만큼 서로 격려해가며 무사히 촬영을 마쳤습니다.

영상을 제출하고 한 달 뒤쯤 대상 수상이라는 소식이 들려왔습니다. 큰 기대 없이 동아리 활동의 일환으로 참여한 대회에서 뜻밖에 수상을 하게 되자 저와 아이들은 기쁨을 감추지 못했습니다. 그동안 누가 알아주지 않더라도, 당장에 큰 변화가 없을지라도 지구를 위해 조금은 고생스럽고 번거로운 행동을 꾸준히 실천하던 아이들에게 큰 선물을 한 기분이었습니다.

아이들과 저는 이 이후로 마트에 가면 환경표지 인증마크가 붙은 제품이 있는지 습관처럼 확인합니다. 이왕이면 같은 용도의 물건을 구입할 때 환경을 생각한 소비를 실천하려고 다짐합니다. 동아리 활동이 생활에서 실천으로 이어질 때만큼 뿌듯한 순간이 없습니다.

&lt;녹색제품 활용 숏폼 영상 공모전 참가&gt;

## 공정무역을 통해 배우는 착한 소비

세계시민교육에서 빠질 수 없는 주제 중 한 가지가 바로 인권입니다. 6학년 사회 교과에 공정무역에 대한 내용이 나오는데 인권과 환경, 정의에 대해 통합적으로 가르칠 수 있겠다는 생각이 들었습니다.

공정무역에 대해 쉽고 재미있게 알아볼 수 있는 활동으로 바나나 게임이 있습니다. 바나나가 농장에서 재배되어 우리에게 오기까지 어떤 유통 과정을 거치는지 알아보고, 모둠별로 바나나 생산에 관련된 사람들의 역할을 나눠 맡아 서로의 역할을 설명하고 합리적으로 이익을 배분해보는 게임입니다.

이 게임을 통해 학생들은 바나나 생산에 가장 많은 시간과 노력을 쏟는 노동자가 정작 수익은 가장 적게 가진다는 사실을 알게 됩니다. 농장에서 일한 노동자의 수익이 바나나 전체 수익의 약 3%라고 알려주자 아이들이 놀라며 너무 불공정하다고 이야기합니다.

이를 해결하기 위한 것이 공정무역이라며 공정무역의 뜻과 취지를 알려주었습니다. 생산자의 노동에 대해 정당한 대가를 지불하고, 소비자에게는 지속 가능한 방법으로 생산한 질 좋은 제품을 지급하는 것이 모두에게 도움이 되는 공정한 무역이라는 것을 알게 됩니다. 아이들은 소비를 할 때 가격만 고려할 것이 아니라 이웃, 세계, 환경 등 다양한 사회적 가치를 고려해야 한다는 것을 깨달았습니다.

착한 소비의 개념을 익힌 후 환경과 연결 지어 보았습니다. 과자, 샴푸, 라면, 초콜릿, 치약 등을 만드는 데 공통적으로 들어가는 게 무엇일까 맞추어보라고 질문을 던졌습니다. 연관성이 없어 보여 답을

맞추기가 어렵습니다. 질문의 답은 '팜유'입니다. 팜유는 기름야자 열매의 과육으로 만드는 식물성 기름입니다. 값이 싸고 쓰이는 곳이 많아 소비량이 점점 늘어나고 있습니다.

사람들은 팜유를 많이 생산하기 위해 숲을 불태우고 야자나무를 심습니다. 팜유 나무를 심기 위해 숲을 파괴하면서 숲에 살던 오랑우탄들이 보금자리를 잃고 멸종위기에 처했습니다. 자신의 소비가 생태계에도 영향을 미칠 수 있다는 것을 인식하고 가치로운 소비를 실천하기 위해 노력할 것을 다짐했습니다.

모둠별로 프로젝트 학습을 진행하여 커피, 초콜릿, 아보카도 등 생태계에 큰 영향을 미칠 수 있는 작물들을 알아보고 앞으로 우리 생태계를 위해 어떻게 행동하면 좋을지 생각하고 발표해보도록 했습니다. 우리가 자주 사 먹는 제품들이 환경에 안 좋은 영향을 미친다는 사실을 알았으니 앞으로는 무언가를 살 때 조금 더 나은 선택을 하겠다는 아이들의 말이 반갑게 들렸습니다.

아이들은 공정무역을 통해 공정함과 정의를 배우고 환경, 이웃 등 사회적 가치를 생각하는 소비에 대해 생각해보게 되었습니다. 그리고 경제, 사회, 환경 등이 모두 연결되어 복합적으로 작용한다는 것을 깨달았습니다. 세계시민 의식이 꿈틀대며 자라나는 것 같아 흐뭇함을 느꼈습니다.

# 아이들에게 찾아온 변화

그동안 동아리 활동을 하며 길가에 있는 쓰레기를 참 많이 주웠습니다. 아이들이 나가서 줍깅하는 것을 좋아하기도 하고 체험학습을 가더라도 그 장소에 있는 쓰레기를 줍는 것이 당연해졌습니다. 더운 여름날에도 땀을 뻘뻘 흘리며 쓰레기를 줍곤 했습니다. 우리가 더운 만큼 지구도 더울 거라고 생각했습니다.

어느 날 아침, 등교하던 아이 2명 손에 쓰레기가 들려있는 것을 발견했습니다. 저와 눈이 마주치자 아이들은 한숨에 달려와 뿌듯한 얼굴로 자랑을 했습니다.

"선생님, 저희 학교 오면서 길에 떨어진 쓰레기 주워왔어요. 어제도 주웠고 요즘 아침마다 줍고 있어요. 지난번에는 다른 선생님이 보시고 칭찬해주셨어요." 누가 시키지 않아도, 보고 있지 않아도 자발적으로 그런 행동을 했다는 사실이 대견하고 뿌듯했습니다.

주말을 앞둔 금요일, 남학생 몇 명이 교실에 있는 청소용 집게를 빌려줄 수 있냐고 물었습니다. 무엇에 필요한지 물었는데 주말에 친구들끼리 학교 근처 숲에 가서 쓰레기를 주울 거라고 이야기했습니다. PC방, 코인 노래방을 좋아할 나이에 쓰레기를 주우러 간다고 집게를 빌려달라니 순간 기특한 마음을 넘어 울컥하는 마음까지 들었습니다. 주말 저녁, 아이들은 인증 사진을 보내왔습니다. 검은 봉투에 가득 담긴 쓰레기 사진이 그렇게 예뻐 보일 수가 없었습니다.

처음 환경동아리를 시작할 때만 해도 고민이 많았습니다. 아이들이 재미없어하면 어쩌지, 어떤 활동을 해야 환경 감수성을 길러줄 수 있을까, 내가 생각한 활동들이 정말 아이들의 태도를 바뀌게 할 수 있을까 등등 반신반의하며 시작했습니다. 지금은 저보다 아이들이 적극적으로 나서고 즐거워하며 동아리 활동 날짜를 손꼽아 기다립니다.

제가 처음 세계시민교육을 시작할 때 목표로 삼았던 가치인 공감과 협력이 제 눈앞에서 일어나고 있습니다. 아이들이 지구 반대편 친구의 아픔에, 환경 불평등에 공감하며 지구를 생각하고 모두의 정의를 생각하는 행동을 실천하려고 합니다. 거창한 행동은 아니지만 작은 행동 속에 큰 의미와 마음이 담겨있습니다.

책에는 환경동아리 활동을 주로 소개했지만 인권, 평등, 아동노동, 문화다양성 등 다양한 주제의 수업을 많이 해왔습니다. 뭐든 스펀지처럼 흡수하고 하나를 알려주면 열을 깨닫는 아이들의 모습을 보며 선생님인 저도 많이 배웁니다. 앞으로도 아이들과 바람직한 삶의 방향을 고민하며 함께 걷고자 합니다. 우리의 걸음이 지구에게 작은 도움이 되기를 희망합니다.